第3回 中友会出版文化賞受賞作

わぁお～と すっごい

感動中国

撮影・解説 和中清

日本僑報社

はじめに

　8年ほど前、雲南省の麗江、香格里拉(シャングリラ)を旅行しました。その旅は、中国の自然の雄大さ、美しさ、街や村の素晴らしさに目覚める旅でした。
　それから急かされる様に新疆ウィグル自治区、四川省などを訪れ、ますます中国の自然に魅かれて行きました。
　その素晴らしい自然や街、村を日本の多くの人に紹介し、感動を分かち合うことができればと思い、「感動中国100」というホームページをつくり、写真に紀行文を添えて紹介してきました。しかし、あそこも訪れたい、あの山や峡谷も歩きたい。そんな心残りの場所もたくさんあり、「感動中国100」からさらに150、200と思いが募っています。

　これまで多くの日本人が中国の歴史、文化、自然に魅かれ、中国を旅行しました。北京や上海、遠く離れた甘粛省の敦煌にも、たくさんの日本人が訪れました。
　しかし、今は中国の内陸でも、西洋人の姿をよく見かけるようになりましたが、日本人に出会うことはめったにありません。私の旅でも、スペイン、チリ、ポルトガル、ドイツなどから中国を訪れ、秘境の村でお

店を営む青年に出会いましたが、今では日本の旅行会社の店頭で、中国旅行のパンフレットすら見かけなくなりました。

　日本で知られていない中国の自然、秘境、街や村の風景は、そんな日本の人々にもきっと共感してもらえるのではと思ったのが、ホームページを始めたきっかけです。

　中国から戻り、周囲の人に訪れた地の写真を見ていただくと、多くの人から「中国にこんな素晴らしいところがあったの、知らなかった」の言葉が聞かれます。

　中国の自然に感動する日本の人々が一人でも増えることを願い、今も旅を続けています。

　この度、日本僑報社の段躍中様、段景子様のご尽力で、この8年余りで訪れた各地の写真と文の出版をさせていただくこととなりました。この場をお借りして御礼申し上げます。

　また、私の旅を助けていただいた北京在住の李明君、重慶在住の黄閲君、各地の山を一緒に登った現地のチベット族ガイドの青年諸氏にもこの場をお借りして御礼申し上げます。

　旅を重ねるごとに中国の自然、また街や村は、ただただすごいという思いが深くなります。

　この本をご覧いただき、素晴らしい中国の自然や街、村の感動を読者の皆様と分かち合い、さらにこの本をきっかけにどこか1か所でも訪れたいと思っていただける方が現れましたら、この上ない喜びです。

　中国には、私もまだまだ知らないすばらしい自然、秘境も多々あると思います。想いを同じくする方と、その情報交流もできればと願っています。

2025年1月

和中　清

目　次

① 天山の恵み 8
② 灼熱の大地と緑の谷 9
③ 果てなき砂漠 10
④ 胡楊林を染めるタリムの夕陽 11
⑤ パミールの宝石 12
⑥ パミールの女神 13
⑦ 最後の浄土 14
⑧ 浄土の村 15
⑨ サリム湖とシルクロードの古道 16
⑩ 三面青山の草原劇場 17
⑪ 天山の大峡谷 18
⑫ 青海湖とチレン山草原の春 19
⑬ 天上の画家 その1 20
⑭ 天上の画家 その2 21
⑮ シルクロードの真珠 22
⑯ シルクロードの祈り 23
⑰ シルクロードのオアシス 24
⑱ 太陽と水と塩の神秘 その1 25
⑲ 太陽と水と塩の神秘 その2 26
⑳ 万山の祖と三江源 27
㉑ 内モンゴルの大草原 28
㉒ 大興安嶺白樺街道と国境の村 29
㉓ 錦秋のアルサン 30
㉔ 碧水天池 31
㉕ 冬の恋情 32
㉖ 近代歴史文化の街 33
㉗ ナシ族の故郷 34
㉘ 神の化身の聖なる山 35
㉙ 白とブルーの神秘 36
㉚ 心中の日月 37
㉛ シャングリラ郊外 38
㉜ ディチンの秘境 39
㉝ 緑の農村から急流の峡谷へ 40
㉞ 日照金山と神の村 41
㉟ 神の村トレッキング 42
㊱ 神山の紅葉と感涙のブルー 43
㊲ 三角錐の山と七色の湖 44
㊳ ジョセフ・ロックの足跡を訪ねて 45
㊴ ヤーティンに魅せられて 46
㊵ 世界の天空都市と白塔 47
㊶ チベット高原の分水嶺と霜の朝 48
㊷ 火龍溝の秘境 49

㊸ グニエ南綫を行く 50
㊹ 牧場の兄妹 51
㊺ ザワラ峠からバタンへ 52
㊻ カンティン情歌と塔公寺、ムヤ寺 53
㊼ 高山を仰ぐ壮大なドラマ 54
㊽ コンガ崇拝 55
㊾ 八美の紅葉に魅せられて 56
㊿ 美人谷のチベット族村 57
(51) スクニャン山大峰を登る 58
(52) チベット文化の宝庫と標高5,000mの佛学院 59
(53) 景観国道317号を行く 60
(54) 聖なる温泉の街と祈りの街道 61
(55) 仙境の翡翠池とアバの渓谷美 62
(56) チベットの愛に育まれた世界自然遺産 63
(57) 草原情歌 64
(58) 魚戯清波の湿地 65
(59) バーヤンカラ山脈の神界トレッキング 66
(60) 母なる黄河 67
(61) 秘境甘南 68
(62) 世界文化遺産の千年石刻 69
(63) 峡幽神秘、五絶の世界 70
(64) 湘西民族の風情が残る古城と村 71
(65) 千戸苗寨と最後の苗寨 72
(66) 棚田の村 73
(67) クジャの故郷 74
(68) 華僑の故郷 75
(69) 朝日に輝き雲海に浮かぶ岩峰 76
(70) 不思議な洞窟 77
(71) 紅葉と夕映えの西湖 78
(72) カルスト峰の林と大瀑布 79
(73) 古銀杏の村 80
(74) 世界自然遺産の古橋と癒しの峡谷 81
(75) シルエット 82
(76) 橋 83
(77) 竹と圓門 84
(78) 道 85
(79) 旅の出会いと想い出 86

新疆ウィグル自治区　南山牧場　クイトン河大峡谷　ウルムチ国際バザール

 天山の恵み

　新疆ウィグル自治区の省都、烏魯木斉(ウルムチ)近郊の南山牧場に行った。清の時代から有名な大牧場で、「牧場芳草緑萋萋」（牧場の草は、生い茂り、緑は豊饒）と詩に詠まれた。黄、紫、青、白の花が咲き、パオと草原、羊、馬、全てが春の草原劇場の主役だった。

　天山は新疆の東から西に連なる2,500kmの大山脈。南山牧場は天山の西白楊溝にある。南山牧場で食べた羊の串焼きが今も、思い出に残る。

　天山の雪解け水が奎屯河(クイトン)大峡谷の深い谷をつくった。峡谷の断崖の上に立つと吸い込まれそうな迫力だった。ウルムチ市内の国際大巴扎（バザール）では、青い目のウィグル族の店がたくさん並び、思わず「異邦人」の歌を口ずさみながら石畳の市場を歩いた。

火焔山　葡萄溝　新疆ウィグル自治区

灼熱の大地と緑の谷

　火焔山。燃える暑さを想像していたが、前日、托克遜(トゥオクシュン)の街に泊まった。托克遜の気温は46度くらいで、火焔山の42度も涼しく感じた。

　火焔山は新疆ウィグル自治区の省都、烏魯木斉の東、吐魯番(トルファン)近郊にあり、赤茶けた山は炭層が燃えて時に煙が昇る。西遊記の舞台で、どこからか三蔵法師、孫悟空や猪八戒が現れる、そんな雰囲気がある。

　火焔山の近くに葡萄の谷がある。河が流れる緑の谷で、火焔山と同じ地にあるのかと不思議に思える。トルファンはシルクロードの要衝で西域から葡萄がもたらされ、西暦400年頃に葡萄栽培が始まった。白葡萄、赤葡萄、カシュガル葡萄など種類も多い。葡萄谷の売店で陽気で可愛いウィグル女性に勧められて干し葡萄を買った。トルファンの農家には葡萄を干す「葡萄晾房」という通風の良いレンガ小屋がある。トルファンの街の風景の象徴である。

9

果てなき砂漠

　塔克拉瑪干砂漠は中国最大の砂漠で、風により砂丘が移動する世界で2番目の流動砂漠。東西1,000km、南北400kmの大砂漠である。砂漠の中に足を踏み入れるとそこは平坦な地でなく、砂丘が波打つ風景がどこまでも続く。高さが300mに達する砂の山もある。タクラマカンのタクはウィグル語で山、ラマカンは広大で山の麓の広大な砂漠だろうか。砂漠の過去の最高気温は67.2度、冬場はマイナス20度を下回る日もあるという。その面積は、日本全体がすっぽり入ってしまうほどの広さである。

　樹木の無い砂ばかりの世界を想像したが、ところどころに細い木が生えていた。地下水を吸収して命を維持し、地上に出ている幹の数十〜数百倍の長さの根を伸ばし地下の水を吸収している。厳しい環境に耐えて命をつなぎ、砂丘に美しい影を映している樹木の姿に感動する。

タリム盆地　クツォ峡谷　新疆ウィグル自治区

 胡楊林を染めるタリムの夕陽

　塔里木盆地は新疆ウィグル自治区南部、南疆にある中国最大の内陸盆地。北の天山山脈とカラコルム山脈、南の崑崙山脈、南東の阿尔金山脈に囲まれた広大な盆地。盆地の北を西からに東に中国最長の内陸河川であるタリム河が流れ、楼蘭の近くの台特馬湖に注ぐ。

　タリム盆地の特徴的風景は秋になり砂漠で金色に輝く胡楊林とタリム河の風景。夏の盆地だったが胡楊林を赤く染めながらユーラシアの大地に陽が沈んだ。

　タリム盆地の北、天山との境に庫車峡谷がある。峡谷を歩くと褐色の岩が両側に迫る狭い回廊が続いていた。岩山の高さは100〜200ｍあるが、回廊の幅は狭いところでは１ｍ程のところもある。

11

新疆ウィグル自治区　白沙湖　白沙山

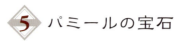
5 パミールの宝石

　中国最西端都市、新疆ウィグル自治区の喀什（カシュガル）から帕米尔（パミール）高原に向かう。パミール高原はタジク語で寒くて平らな世界の屋根。周囲には天山山脈、ヒンドゥークシ山脈、崑崙山脈、カラコルム山脈、ヒマラヤ山脈が連なり、まさに世界の屋根。

　村を歩く女性は刺繍のある民族帽子を被り青い目をしている。塔吉克（タジク）自治県はパキスタン、アフガニスタン、タジキスタンと国境を接し、インド・地中海系民族の県。

　国道314号をタジキスタン国境に向かうと、美しい湖が視界に飛び込む。碧い水と白い砂の山。そのコントラストの美しさに息をのむ。白沙湖と白沙山である。白沙湖は、標高7,649mの公格尔峰（コングール）の麓にある高原湖。「パミールの宝石」、そんな言葉で表現したくなる白沙湖と白沙山だった。

12

カラクリ湖　ムシタク峰　ムシタク氷河　新疆ウィグル自治区

6 パミールの女神

　タジキスタン国境に向かいさらに進むと喀拉庫勒湖(カラクリ)に出る。喀拉は黒色、庫勒は湖で黒い湖と呼ぶようだが青い湖だった。七色湖とも言われ、標高3,560mにある新疆で最も高地の湖。標高7,509mの幕士塔格峰(ムシタク)が湖面に映る風景も見ることができる。コングール峰やムシタク峰の雪解け水はタリム盆地を潤す。
　パミール高原をさらに行くとムシタク氷河がある。公園入口から車で氷河近くに行き、少し山を登ると氷河先端に出る。白沙湖がパミールの宝石なら、カラクリ湖やムシタク峰、ムシタク氷河はパミールの女神なのかも。

13

新疆ウィグル自治区　カナス

7 最後の浄土

　喀納斯(カナス)は新疆ウィグル自治区の西北、北はロシア、東はモンゴル、西はカザフスタンと国境を接し、トゥバ族やカザフ族が自然と共生して暮らす「最後の浄土」と呼ばれる秘境。

　カナスの河の緑をどう表現すればいいのだろう。深緑、エメラルドの輝き、それでもカナスの自然には失礼だろう。森、草原、河が緑を競い、緑の曲を演奏している。カナスに入るには、ジュンガル砂漠を通る。褐色の台地から緑の世界に入るので、より緑を感じる。

　牧場で2頭の馬が寄り添いながら丘を登っていた。1頭の馬の前足は紐で括られ、自由なもう一頭の馬は、不自由に歩く馬を庇い、身体を擦りながら支えるように寄り添って丘を登っている。カナスの自然は人も馬もやさしくさせる、やはりカナスは"浄土"だった。

カナス　フム村　五彩灘　**新疆ウィグル自治区**

8 浄土の村

　阿尔泰(アルタイ)の雪解け水はカナス湖に注ぎ、布尔津(ブアルジン)河、額尔齊斯(オアルチス)（イルティシ）河になり、シベリアに向かい、やがてゴビ川となって北極海に注ぐ。カナス禾木(フム)村はアルタイの山々に囲まれた浄土の村。木の家と冬の朝に家々から立ち昇る煙に癒される旅人も多い。

　ブアルジンの街はカナスへの玄関。ブアルジンの西、イルティシ河畔に五彩灘がある。赤茶けた岩と砂漠、川の向こうに緑が拡がる対照的な風景が見られる。フム村の家々から立ち昇る煙とシベリアの大地に沈む夕陽を見に再び訪れたい、そんな思いになる浄土の村だった。

15

サリム湖とシルクロードの古道

　新疆ウィグル自治区のウルムチを西に向かうとカザフスタン国境近くに、標高2,071mの高原湖、賽里木湖がある。湖水は地下の湧き水で、"浄海"、"天使の湖"の愛称もある。湖畔は初夏には薫衣草（ラベンダー）の草原になる。湖水は愛に殉じた恋人の涙でできたとの言い伝えもあり、恋人たちの聖地。

　果子溝大橋は西天山の象徴で、黄海の連雲港からカザフスタン国境まで、総延長4,300kmの中国最長の高速道路に架かる橋。そこから「万物復蘇」（生命が蘇る）の地、"彩虹の都"の昭蘇に入っていく。

　シルクロードは四大文明が交差する道。古には伊犁から天山を越えて南新疆、阿克蘇に向かう夏塔古道があった。

　古道には大漢帝国から烏孫王に嫁いだ宮女の墓があると言う。古道の入り口から標高6,995mの汗謄格里峰が見え、その奥にはキルギス国境に聳える標高7,443mの天山最高峰、托木尓峰が聳える。

ナラティ　カラジュン　新疆ウィグル自治区

 ## 三面青山の草原劇場

　新疆ウィグル自治区の西天山から中天山にかけて三つの草原がある。
那拉堤、喀拉峻、巴音布魯克である。ナラティは"三面青山列翠屏、腰
囲玉帯河縦横"、三方を緑の山に囲まれ、玉帯のような河がながれると
言われる草原。古代、チンギス・ハーンが西域に遠征した時、一面が花
に覆われた緑の大草原を見て"ナラティ（おお緑の谷よ！）"と叫んで
その名がついたと言う。

　ナラティは草原劇場だった。草原舞台で馬や羊が舞い、白いパオは輝
く真珠。山の中腹から草原を眺めていると、カザフ女性のソプラノの歌
声が風に乗って聞こえてくる。そんな思いがする草原劇場だった。

　"カラジュン"は波打つ草原。"カラジュン"とはカザフ語で"深い緑
が果てしなく生い茂る、の意。雪山を背に草原には黄、紫、赤の花が咲
き乱れ、訪れた人は空中庭園を浮遊している不思議な感覚になる。

17

新疆ウィグル自治区　クォクス大峡谷

11 天山の大峡谷

　潤克蘇(クォクス)はカラジュン草原に接し、中天山から流れる水が谷を刻みつくられた雄大な峡谷。峡谷の最も深い谷は高さが360ｍあり、大地を曲がりくねりながら深い谷が続く。

　夏には天山の雪が解け、炭酸カルシュウムを含むクォクス河の水が乳白色に変わる。クォクス大峡谷を象徴する風景は、鰐湾と呼ぶクォクス河が急転回して向きを変えるところにせり出した鰐のような姿の山と川の風景。鰐(ワニ)が水を飲んでいるような姿で鰐湾と呼ばれる。大草原と大峡谷、見事なまでの自然の造形だった。

青海湖　門源　チレン山草原　**青海省・甘粛省**

12 青海湖とチレン山草原の春

　青海省の春は遅い、7月になると青海湖畔や村は菜の花で黄色く染まる。草原で見えるのは黄色と空の碧だけ。青海湖畔では、湖の青と空の碧、どこまでも続く黄色い草原が見える。

　西寧から国道を北に向かうと達坂山という菜の花で有名な門源が一望できる展望台がある。菜の花は中国では油菜、それが一面咲き誇る風景を花海という。達坂山から見ると、碧い空、眼下の白雲の帯、黄色い花海、三弦と箏と胡弓の三曲合奏のようである。

　祁連山脈は青海省と甘粛省の境界に連なる山脈で、寒冷地で氷河が多い。万宝山とも呼ばれ、地層に鉱物資源を含み、赤い地層の山も多い。

　チレン山草原は中国の美しい六大草原の一つで、初夏、谷間の油菜畑が黄色く輝く風景はチレン山草原の特徴的風景。

19

甘粛省　七彩丹霞

 13 天上の画家 その1

　甘粛省張掖(チャンイェ)に不思議の世界、神の造形の七彩丹霞がある。

　こんな絵を誰が描いたのだろう。天上の画家と言いたくなるような七彩丹霞だった。

　鳥や虫、蝶も他を引きつけるために美しく着飾る。山も人を引きつけるために神が絵を描くのだろうか。

　朝日や夕陽で、七彩丹霞はどのように変化するのだろうか。立ち込めた霧の間から見える七彩丹霞は……など。まるで中国の伝統芸術、変臉(顔)を見るように、その姿を想像してしまう。

七彩丹霞　外星谷　**甘粛省**

14 天上の画家 その２

　それにしても中国の自然はすごい、ただすごいと思う。五色や翡翠色の湖。美しい雪山、砂漠、草原、森林、そしてこの七彩丹霞。
　七彩丹霞の近くに地球外の惑星のような不思議な谷、外星谷がある。白と薄紫と茶色い岩山、ここも不思議な世界だった。
　前日、チレン山草原を走る国際自転車ロードレースがあった。そのレースに出ていたポルトガル人カップルもこの不思議な谷に来ていた。菜の花の草原を走り、この不思議な谷に来て対照的な風景に彼らも驚いていた。

21

新疆ウィグル自治区　カシュガル古城　香妃園

15 シルクロードの真珠

　新疆ウィグル自治区の西南、カシュガル空港に着いたのは夜10時過ぎ、まだ明るく夕食時間前だった。カシュガルは古代シュール王国に属し2100年以上の歴史をもつ街。"シルクロードの真珠"と呼ばれ、北に約100km行けばキルギスタン、西に200km行けばタジキスタン、南に300kmほど行けばパキスタンで、国境を越えると桃源郷フンザがある。

　カシュガル古城は漢の時代の古城。城壁で囲まれ、城内にイスラム教モスクの清真寺や土壁建築の家がある。城内を歩くと髪を細い線のように編み、ドッパ（花帽）を頭に載せた青い目をした美しいウィグル女性に行き交う。

　香妃園には清の乾隆帝の側室だった香妃が祀られている。絶世の美女、独特の香りを持って生まれ香妃と言う。乾隆帝は死を悲しみ、棺を故郷に返して香妃園に祀った。城内を歩いているとカシュガルの雰囲気そのもののお爺さんがいた。

馬蹄寺石窟　敦煌莫高窟　嘉峪関　**甘粛省**

16 シルクロードの祈り

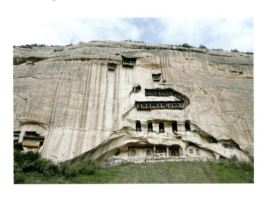

　甘粛省敦煌周辺にはシルクロードの遺跡が多い。そこには最西域の長城もある。玉門関、陽関の遺跡もあり、古には西域に旅立つ人々の別れの物語をもたらした。唐の時代、王維はトルファンに赴任する友への別れを惜しみ、「勧君更尽一杯酒　西出陽関無故人」(さらにもう一杯飲みあかそうではないか、陽関を出ればもう共に飲む友もいなくなる)と詠んだ。陽関は西域への玄関である。

　明時代に嘉峪関城が築かれた。チレン山を望む嘉峪関城の塔が美しいシルエットを描く。

　甘粛省チャンイェの馬蹄寺石窟と敦煌莫高窟はシルクロードの主要仏教遺跡。馬蹄寺は岩山に縦横に石窟が掘られている。莫高窟は中国三大石窟の一つ。仏像の大きさに圧倒され、洞窟には厳かで神秘の気が漂っていた。

23

甘粛省 鳴沙山月牙泉

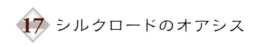 シルクロードのオアシス

「月光下茫茫沙漠」、月の砂漠をはるばると……思わず口ずさみたくなる鳴沙山月牙泉である。鳴沙山月牙泉は甘粛省酒泉市敦煌近郊にある砂漠と泉。鳴砂山は砂山を滑り降りると砂がこすれて音を出すことでその名がつき、月牙は三日月、泉が三日月のようでその名がついた。砂漠のオアシスにシルクロードの旅人も癒されたことだろう。

鳴沙山の魅力は三角の山と頂から伸びる鋭い刃物のような稜線美だろう。最も美しく見える線はこれかな……と考えながら風が線を作り出しているようにも思えてくる。

チャアルハン塩湖　青海省

18 太陽と水と塩の神秘 その1

　青海省察尔汗塩湖は中国最大の塩湖、世界でも二番目。チャアルハン塩湖は一般公開されて日が浅く、また奥地にあるため、あまり知られていない。湖水は太陽の光と水深で深緑から薄緑、ブルー、白に変化する。浅瀬で遊ぶ人たちの姿が鏡のような湖面に映り、まるで幻想の世界に入っていくようだ。

25

青海省　チャアルハン塩湖　黒独山

太陽と水と塩の神秘 その２

　アンデス、ボリビアのウユニ塩湖も美しい塩湖だが、このチャアルハン塩湖も決してウユニ塩湖に劣らないだろう。
　甘粛省の阿克塞(アクサイ)からチャアルハン塩湖に向かう途中、青海省茫崖市冷湖鎮に、砂漠の中に黒い山や赤い山が海に浮かぶ島のように見える黒独山がある。岩と砂の荒涼とした風景であるが、太陽の光に砂が輝き美しい水墨画を見ているようでもある。

崑崙山　ククシリ　野牛溝　**青海省**

 万山の祖と三江源

　青海省西部の青蔵高原に平均標高4,600ｍ、総面積24万㎢の広大な無人地帯の可可西里(ククシリ)がある。多様な野性生物の宝庫で世界自然遺産。三江源と言われ、長江（揚子江）、黄河、メコン川上流域のランツァン江の源流域でもある。ククシリの北端はパミール高原から青蔵高原北端に伸びる崑崙山脈。崑崙山は中華民族の神話発祥の山で、「万山の祖」と呼ばれ、中華民族の母なる山である。

　格尓木(ゲルム)の街から崑崙山に入り、標高6,178ｍの玉珠峰を左に見て進むと崑崙山口（峠）に着き、広大な凍土高原が拡がる。玉珠峰を少し歩きたいと思いキャンプ地から氷河近くまで登ったが、山は厚い雲に被われていた。

　中国古代神話の仙女、西王母は崑崙山瑶池(ヤオチ)に住み、そこに育つ蟠桃(パントゥ)を食べると不老長寿になるという。西王母瑶池への道は野牛溝という崑崙川沿いのすばらしい景観道である。

27

内モンゴル自治区　フルンベイル大草原　フィトンシィル草原

21 内モンゴルの大草原

　内モンゴルは大草原と砂漠、大森林の自然豊かな、すばらしいところ。
　呼倫貝尔大草原は内モンゴル自治区北東部、大興安嶺の西に拡がる中国一の大草原。海拉尔の街を北の額尔古納に向かうとすぐに大草原に入る。ハイラルは呼倫貝尔市中心部。"往日時光"という歌に「海拉尔多雪的冬天」の一節もあり、冬は雪に閉ざされる。
　内モンゴルの南部は北京から近い。北京を北か西に向かうと2～3時間で内モンゴルの草原に着く。北京に近い輝謄錫勒草原では風車の向こうから朝日が昇る。
　日の出を見て、ふと後ろを振り返ると自分の影が草原に一直線に伸びている。

オルグナ　シウェイ　**内モンゴル自治区**

22 大興安嶺白樺街道と国境の村

　内モンゴル自治区の額尔古納（オルグナ）から根河（コンホ）に向かった。道は白樺街道と呼びたくなるような白樺並木が続く道だった。隣り合う樹木は1本の根で繋がっているという。少ない土の養分をお互いに分け合いながら、必死に寒さに耐えているのだろうか。戦場に行った帰らぬ恋人を待ち焦がれる中国の歌、「白樺林」。その一節を口ずさみながら白樺街道を走った。

　オルグナにはアジア最大のオルグナ湿地がある。白鳥、丹頂鶴の世界的繁殖地である。オルグナを北に向かうと"冷極の街"、コンホがある。最低気温マイナス58度を記録した街で、9月中旬だったが、朝の気温はマイナス5度。その近郊にはツングース系民族で、家でトナカイを飼う鄂温克族（オウェンク）が暮らす敖魯古雅（アオルクヤ）がある。

　内モンゴル自治区の北の街、室韋（シウェイ）の大通りを歩くとロシア建築、クーポラがあった。坂の向こうに小高い丘が見える。その丘はロシアの村だった。坂を下るとオルグナ河が流れ、ロシアの村が見えた。オルグナ河畔でシベリアの大地に沈む夕陽を見た。ロシアの村を紅く染めながら夕陽が沈む。夜、ロシア民族のおばあさんが営む店でロシア家庭料理を食べた。

29

内モンゴル自治区　アルサン　ハラハ河

23 錦秋のアルサン

　阿尔山(アルサン)は内モンゴル自治区の興安盟西北部、大興安嶺西南山麓にあり、モンゴル国（外モンゴル）に接している。

　ハイラルからアルサンに向かった。道路は草原の中を地平の果てまで1本の線となり続く。雲の中にそのまま入っていくような風景だった。

　旧満州時代に建設されたアルサン駅に行き、初日はアルサン市内で泊まった。朝食では大きな銅鍋の蒙古鍋茶を飲み、郊外のアルサンに向かった。

　アルサン公園には19の火山湖、8の天池（湖）、9の溶岩堰塞湖があり温泉も湧き、公園内を哈拉哈河(ハラハ)、柴河、伊敏河(イミン)が流れている。

　ハラハ河はアルサンの三潭峡付近に源を発し、呼倫湖(フルン)に注ぎ、やがて黒龍江（アムール河）となってオホーツク海に注ぐ。

　カラマツや白樺の美しい紅葉の中をハラハ河は静かに流れていた。

24 碧水天池

　天池から見たアルサンの大森林、遠くに見える大興安嶺の山々。紅葉と碧水、錦秋の天池はすばらしい風景だった。
　アルサンには二つの大きな天池火口湖があり、天上神の母娘が入浴する伝説が残る。
　初夏には天池湖畔は油菜花で黄色く縁どられ、緑の森と湖畔を彩る黄色い花、そして湖の碧、そんなすばらしい風景も見ることができる。
　碧い水に湖畔の樹々が映り、すばらしい錦秋のアルサンだった。

吉林省　ウソン島

25 冬の恋情

　吉林省吉林市でも殊に美しい霧氷（中国では霧凇）を見ることができる松花江の中州の霧凇島を訪ねた。

　松花江河畔に行くと、河に霧が立ち込め、対岸の木がぼんやりと見え、その向こうに朝焼けの空が見える幻想的な風景があった。

　静脈のように見える繊細な枝。そこに薄っすらと白い氷がつく。冬の樹々がこんなにも美しいものだったのかと思う。人も冬の樹のようになれた時、再び輝くことができるのかも知れない。真っ白い孔雀が羽を広げたような樹。枝が囁きあい、音楽を奏でているようでもある。

　村人が羊を追い霧氷の下を歩いている。"冬之恋情"、そう語りたくなるウソン島だった。

ヘンタオホーヅ　ハルピン　**黒龍江省**

26 近代歴史文化の街

　横道河子は黒龍江省牡丹江市にある中東鉄道建設で発展した村。中東鉄道は帝政ロシアにより建設され、1903年に開通した鉄道。村には機関車庫や聖母協会などの歴史建造物が多く、中東鉄道建設に従事したロシア人の家が256棟残り、ユネスコアジア太平洋地域文化遺産。

　雪の村を歩くと、どこからかロシア民謡が流れてきそうだった。聖母教会は黒と水色の美しい建築で、旧満州時代の日本語の本も展示され、当時の村の写真には「カフェ バッ波」の看板の店があり、店の前に二人の和服を着た女性が立っている。

　牡丹江から哈爾濱に向かい、ハルピンで趣のあるチャイニーズバロックの建物群と氷雪祭りを見て、冬の旅を終えた。

33

雲南省　麗江古鎮

27 ナシ族の故郷

　雲南省の麗江三古鎮は青蔵高原と雲貴高原の接点に位置する。納西族(ナシ)が最初につくった古鎮は玉龍雪山の麓にある白沙古鎮(バイシャ)で素朴さが漂い静かな雰囲気に浸れる古鎮。ドイツ青年が「白沙羅那」というコーヒーショップを営んでいた。彼も玉龍雪山と素朴な古鎮に魅せられてドイツからやってきた。
　束河古鎮(スホゥ)も八百年の歴史があり、"依山傍水"の古鎮。
　大研古鎮は麗江の街中にあり、工芸品や装飾品、音楽ライブの店、民宿など、都会的に整備された古鎮。恋人たちのメッカで、若い人たちに人気の古鎮である。

玉龍雪山　雲南省

28 神の化身の聖なる山

　ベトナムのトンキン湾から北西に向かえば雲貴高原に入る。西蔵（チベット）に向かい、最初に出会う高い山が標高5,596mの玉龍雪山。玉龍雪山を北に行けば標高6,740mの梅里雪山があり、崑崙山脈やヒマラヤの山々に続く。玉龍雪山をナシ族は神の化身の聖なる山と称える。北半球では赤道に最も近い万年雪を頂く氷河のある山である。

　玉龍雪山には昔、添い遂げられなかった恋人があの世でのめぐり逢いを誓い、身を投げた崖があるという。

　ロープウェイで標高4,500mほどに行くことが出来、そこから4,670mまで整備された遊歩道がある。

　氷河にいると風に乗ってヒマラヤ音楽が聞こえてくるような気がした。山の麓には美しい藍月谷公園がある。

雲南省　白水台　虎跳峡

29 白とブルーの神秘

　雲南省麗江の北に虎跳峡がある。狭い谷間を激しく水しぶきを上げながら河が流れている。

　虎跳峡から標高4,000ｍ近い、いくつかの絶景の峠を越えて、白い台地にブルーの水をたたえる白水台に着いた。

　訪れる人もほとんどなく静寂の中の純白とブルー、背後の雪山、まるで「失われた地平線」の小説の世界に迷い込んだようだ。

　白水台はそこに暮らすナシ族の聖地で、神が残した"仙人遺田"と言い伝えられる。中国最大の"泉水台地"は光輝き、神に祈りを捧げる舞台のようだった。

シャングリラ　雲南省

30 心中の日月

　香格里拉(シャングリラ)は雲南省、迪慶(ディチン)蔵族自治州にあり、藏語（チベット語）で"心中的日月"、心の中の太陽と月。標高3,300mの高地にあるシャングリラは、チベット仏教の香巴拉(シャンバラ)の街。シャンバラはチベット仏教の理想の浄土を言う。街の中心に独克宗(ドゥクゾォン)古城がある。

　古城街を、民族衣装を着た三人の女性が歩いていた。中心の亀山公園には世界最大の転経筒(てんきょうとう)（マニ車）があり、"消災祈福""吉祥如意"を唱えて転経筒を回せば、一回りで124万回の念仏を唱えることに相当するという。夜中に目覚めると、民宿のベッドの真上のガラスの天窓いっぱいに星が輝き、流れ星が横切った。

　シャングリラ郊外には雲南の"天空の境"と言われる納帕(ナパ)海がある。納帕海には冬に黒頸鶴がチベットや青海省、甘粛省から飛来する。雪景色の中を、頭部が赤く、黒と白のパンダのような鶴が舞う。

　湖の中洲の草を求めて水牛が泳いで渡っていた。

37

31 シャングリラ郊外

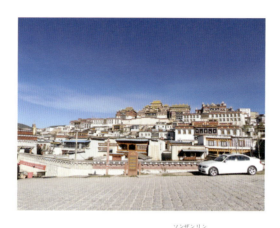

　シャングリラ郊外にチベット仏教寺院の松賛林がある。雲南省最大のチベット仏教寺院で"小布達拉宮"とも言われ、5層建てのチベット式建築で、大殿では1,600人の僧が一同に経を唱えることができる。寺院には八体の黄金釈迦像があると言う。幼児を"おんぶ"した女性が階段を昇っている。
　寺院の中に入ると、シャンバラへの入口はこんな雰囲気なのかと思えるような階段があった。シャンバラでは花々が咲き乱れ、草原の真ん中にきっとこんな松賛林のような寺があるのかも知れない。

アブジツゥオ　石カ雪山　**雲南省**

32 ディチンの秘境

　シャングリラ郊外の阿布吉措に登った。登山口は標高3,400ｍほど、アプジツゥオは標高4,300ｍにある湖。チベット族ガイドの拉茸批楚さんとシャングリラの若い公務員女性二人、上海で仕事をするスペイン人男女、広東省から来た青年が同行した。女性二人は標高3,300ｍの高地の街で暮らし、4,000ｍを超える登山も平気で元気よく登った。

　登山道を登りきると五色の祈祷旗、タルチョ（風馬旗）が風になびき出迎えてくれた。その向こうがアプジツゥオである。アプジはチベット語で神秘、ツゥオは湖。皆で一緒に写真を撮り、山小屋で囲炉裏を囲み楽しいひと時を過ごした。

　シャングリラ郊外には、もう一つの神山、石卡雪山がある。この山は山頂近くまでロープウェイが通じ、長寿と祓魔の信仰の山で雲南九大神山の一つ。山頂下にはカールの谷があり360度のすばらしい眺望だった。

39

雲南省　麗江郊外　金沙江

緑の農村から急流の峡谷へ

　雲南省の麗江空港に飛行機が着陸体制に入る直前、玉龍雪山がすごい迫力で視界に飛び込んでくる。そして金沙江の流れも見える。麗江郊外では金沙江の豊な水がもたらす雲南省の美しい緑の農村風景を見ることができる。

　麗江から北へ、ディチンの最奥部に向かう道は、三江併流の真っただ中を行く道である。長江（揚子江）上流の金沙江、メコン川上流のランツァン江、ミャンマーを流れるタンルウィン川上流のヌー江が平行して流れる。ディチンを奥に向かうほど金沙江は急流となり、狭い谷間を縫って流れて、麗江郊外の緑の風景は荒々しい山と峡谷の風景に変わる。

梅里雪山　飛来寺　雨崩村　**雲南省**

日照金山と神の村

　金沙江沿いの道をチベット方面に向かうと白馬雪山の麓を通り、雲南省西北部のチベットと四川の境界に近い飛来寺に着く。飛来寺に梅里雪山を望む展望台がある。梅里雪山の主峰、卡瓦格博の標高は6,740m。朝陽に輝く梅里雪山は日照金山と呼ばれ、それを見ることが出来たら幸運に恵まれると言う。まだ暗い中を展望台に行った。太陽が射すと頂上が金色に輝いた。周囲を見るとすごい数の人が集まり、日照金山に感謝を奉げるように踊っていた。飛来寺から80kmほど行けばそこはもうチベットである。

　雨崩には上村と下村の二つの村がある。上村は山の中腹にあり、多くの民宿がある。民宿の窓から下村や梅里雪山の峰々が見える。

雲南省　神湖　雨崩村

 神の村トレッキング

　雨崩村は十三峰からなる梅里雪山の麓の村。冰湖、神瀑、神湖を巡る登山コースもあり、冰湖、神瀑は比較的穏やかな登りで女性登山客も多い。
　神湖に登る前、雨崩下村のチベット族ガイド、扎西さんと冰湖に登った。扎西さんは、明日の神湖は75度の急登できついよと脅すように言う。
　神湖に登る朝、扎西さんの家で濃厚なチベットミルクティをご馳走になった。家ではお母さんが漢方の冬虫夏草の手入れをしていた。
　急登を登りきると草原、その後は岩山が続き神湖に着いた。透き通った神湖の氷が美しい。一人の登山者にも出会うことなく、扎西さんと二人だけの神湖だった。
　神湖からさらに向かった場所は、切り立った馬の背のような尾根の先のテラス。そのてっぺんに立ち、梅里雪山に向かい万歳した。雨崩下村から標高4,800ｍくらいのテラスまで、1,700ｍほどの高低差をなんとか登って民宿に戻った。宿の人たちに神湖の上まで行ったよと言うと、皆が驚きながら祝福してくれた。雨崩村はやさしいチベット族青年がいる聖なる村だった。

仙乃日と珍珠海　ニュウナイ海　**四川省**

36 神山の紅葉と感涙のブルー

　四川省亜丁(ヤーティン)はチベット族の信仰の地。村は「観音」「文殊」「金剛」の三神山に囲まれている。一番高い山は標高6,032ｍ、観世音菩薩の仙乃日。仙乃日の麓では標高4,100ｍにある卓瑪拉措(ツォマラツゥオ)、別名、珍珠海が静寂の中で碧い水を湛えていた。湖面が静かに波打ち、慈母観音の山を愛でるかのように金色の紅葉が輝いている。
　牛奶(ニュウナイ)（ミルク）海への登山道は、標高5,958ｍの央邁勇(ヤンマイヨン)を見ながら登る。登山者には女性もかなりいる。登山道を登りつめると、翡翠の輝きを放つ湖が目に飛び込む。標高4,500ｍにあるニュウナイ海である。ブルーの湖を見続けているとなぜか涙があふれる。この輝くブルーにはきっと秘められた何かがあるのだろう。
　ニュウナイ海を上から見たいと山を登った。そこは誰もいない、ただ冷たい風の世界だった。ニュウナイ海は登山者の心を癒す菩薩の湖だった。

43

四川省　五色海　ヤンマイヨン

37 三角錐の山と七色の湖

　ニュウナイ海のさらに上にある五色海に向かう。チベット語で納卡措姆、山頂の湖と呼ばれる五色海は濃紺のブルー。しかし、四季で色が変わる七色の湖である。

　そのブルーには吸い込まれるような深みがあった。まるで空の碧と競っているかのようだ。五色海から標高5,000m近くまでさらに山を登った。五色海が小さく見え、目を転じるとニュウナイ海も小さな宝石のようにポツンと見える。二つの湖を独り占めして感激して声をあげる。

　湖の向こうには三角錐の山、ヤンマイヨンの頂が白く輝いていた。

44

ムゥリ　四川省

38 ジョセフ・ロックの足跡を訪ねて

　木里は四川省涼山彝族自治州ムゥリ藏族自治県にある。周囲は海抜4,000m以上の雪山に囲まれ白水河が流れ、イ族、ナシ族などの民族が暮らす。ムゥリには神秘的な文化風習を持つ母系氏族社会のムゥリ王国があった。小説「失われた地平線」の冒険の旅の起点でもある。小説は米国の人類学者、植物学者で"ナシ族"研究者であったジョセフ・ロックの写真や資料をもとに書かれた。ジョセフ・ロックはムゥリやヤーティンで研究生活をして、その地を世界に紹介した。

　ムゥリの西北、標高3,600mに神秘の湖、長海子がある。シャングリラ湖とも言う。湿原の草が紅葉し、湖は紅葉の刺繍のようだった。「浮遊草原」と言われ草は湖を漂っている。

　ムゥリ王国の守護寺、ムゥリ大寺を訪ねる。石を積み上げた祭壇、「瑪尼堆」を囲む五色の祈祷旗、タルチョが風になびいている。ロックは旅の文で「夢の中で山に囲まれたおとぎ話の国、ムゥリに行った。とても美しく平和だ」と述べた。ロックが語ったヤーティンの三角錐の山に向かうため、呷洛村を目指した。

四川省　ヤーティン転山

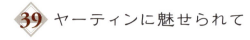
39 ヤーティンに魅せられて

　5年振りで四川省稲城ヤーティンに行った。前回とは逆コースで行き、ムゥリからさらに山奥の水洛都魯村(トル)のチベット族ガイド、ニィモさんの家で泊まり、翌朝、ガルォ村の登山口から三神山を目指した。ニィモさんはお母さん、奥さんと3人で暮らしている。チベット建築の二階建ての家。リビングに見事な木彫の大きな家具があり、数十人が宿泊できる立派な部屋もある。ガルォ村にはジョセフ・ロックが暮した小屋跡があった。ムゥリからヤーティンへの道はロック・ラインとも呼ばれる。

　いくつか峠を越え、牧場に着き、夏に村人が使う岩小屋で泊まった。夕陽、朝霧の牧場がすばらしい。標高5,000mほどの峠から三角錐の山、ヤンマイヨンの頂が見え、峠の下に波用措（湖）が見える。湖の向こうに登ると仙乃日も見えた。ヤンマイヨンと仙乃日が並ぶ感動の風景だった。途中でニィモさんと別れ、2時間ほど山を下り麓の村に着いた。

46

リタン　稲城　**四川省**

④ 世界の天空都市と白塔

　ヤーティンの山を後に、稲城から理塘(リタン)に向かう。稲城白塔公園の白塔が紺碧の空に輝いている。リタンは標高4,014ｍにある高原都市、"天空都市"と言われる。四川省成都から西へ650kmほどにあり、人口のほとんどがチベット族である。

　リタンにはチベット族の古鎮「藏寨集落」があり"千戸藏寨"と呼ばれる。"仁康古屋"と言うチベット様式の白と紅の建物がある。白は吉祥、紅は安らぎを現す。ダライラマ７世は仁康で生まれた。チベット民族衣装を着た信徒が"仁康古屋"を囲む道を時計回りに回っていた。リタンが全国的に知られるようになったのは最近で、"丁真"というチベット族青年がリタンの街と民族の暮らしをネットで紹介し、青年の黒髪と笑顔、民族衣装や澄んだ瞳とともにリタンが中国全土で知られるようになった。

47

四川省　折多山　新都橋

チベット高原の分水嶺と霜の朝

　四川省の国道318号を康定(カンティン)から新都橋に向かう途中、海抜4,298mの折多山峠(チェトウ)を通る。雪の折多山に登った。折多山はチベット高原への分水嶺で、"嘉絨"（美しい織物）とも呼ばれる。登り道の両側に祈りの旗が風になびき、その道は天に上る階段のようである。折多山からの眺めは雪のまだら模様が美しい自然の絨毯のようだった。遠くに標高7,556mの貢嘎(コンガ)が見える。峠の向こうには道路がチベットに向かいどこまでも続いている。

　折多山峠を西に向かい新都橋という街に着いた。新都橋は川沿いの村の美しい風景が見られる。朝霧が立ち込め、河岸は霜で白く化粧し、幻想的な風景に出会った。農家の庭の木が霧の中で輝いていた。

48

姉妹湖　ツゥオブ溝　ババ海　**四川省**

42 火龍溝の秘境

　四川省の西、チベット高原の東端を川西と呼び、そこは秘境の宝庫。
理塘からチベットとの境界の街、巴塘に向かうと、姉妹湖と呼ぶ湖を通
る。湖の背後の山が夕陽に輝いている。
　その近くに、措普溝がある。ツゥオブ湖は、チベット族の聖なる湖。
　川西の白玉周辺は火龍溝自然保護区。白唇鹿、アルガリ羊、黒頸鶴、
チベット蘭など貴重な動植物の宝庫。そこに巴巴海（湖）がある。"藍
海子（藍湖）"とも呼ばれ、地図に載らない神秘の湖で、「山岩」と言う
千数百年続く集落もあり、一族の数十家族が共同生活を営み、財産は占
有せず、平等に分かちあう男性相続の父系社会の地だった。
　湖の最奥で雲南省から来た若いカップルに出会った。二人は仲良く椅
子を並べ、ババ海を見ながら楽しい時間を過ごしていた。

49

四川省　グニエ山

43 グニエ南綫を行く

　四川省西部の川西、理塘の街の西南に格聶神山がある。グニエ山の麓を通り、チベット自治区との境、巴塘の街に向かう道路がある。グニエ南銭と呼ぶ。

　グニエ山が美しく見えるスポットの一つが"格聶之眼"。直径50ｍほどの円い池で池の真上から見ると、池と周囲の水草、土が人間の眼のように見え、"通往天堂的眼睛"（天堂に通じる眼）と言われ、晴れた日にはグニエ神山が瞳に映る。

　グニエ山麓の冷古寺はチベット仏教黄教発祥の寺。旧冷古寺は850年の建立とも言われる。地元の青年に奥地の旧冷古寺にバイクで案内してもらった。幅１ｍもない岩だらけのデコボコ道を、4kmほど行く。お寺の宿坊に泊まり、朝早く起きて再び旧冷古寺への道を一人歩いた。夜の間に雪が降り道は真っ白で、朝日がグニエ山を照らし、神山の神々しさが漂っていた。お寺に戻り、厨房で大鍋のチベットバター茶を飲んだ。

44 牧場の兄妹

　冷古寺を後に、グニエ南綾を行く。右手に真っ青な空と真っ白い雪山が見える。その対比に感動しながら進むと牧場に出た。小さな小屋とテントがあり、牧場の兄妹か、かわいい子供たちとチベット族だろう兄妹のお父さんが笑顔で出迎えてくれた。彼らは夏と短い秋をこの牧場で過ごし、1週間後に麓の村に下りるという。

　牧場の上にはきっと素晴らしい風景があるのではと思い、お父さんに頼み、山の上のグニエ山が見える、とっておきの場所に連れて行ってもらった。森の中の岩だらけの道を行くと森が途切れ、雪のグニエ山が目の前に迫る草原に出た。グニエ山の向こうに群青の空が広がっていた。牧場に別れを告げ、しばらく進むと白馬が草を食んでいる。神の山と神馬に巡り合った気がした。

四川省　ラオツォロンバ峠　ザワラ峠　バタン

45 ザワラ峠からバタンへ

　牧場からさらにグニエ南線を行くと熱梯河谷という谷間の草原に出る。谷の向こうにグニエ山の雄大な姿が見え、間もなく標高4,815ｍの勞者龍巴峠（ラオツォロンバ）に着く。格木村という戸数200戸ほどの小さな村から道路はまた登りになり、標高5,080ｍの扎瓦拉峠（ザワラ）に着いた。周囲は火山岩のザワラ雪山のすばらしい景観で、その威容に圧倒される。ザワラ雪山の峰の間を縫うように道路は通り、チベットとの境界の街、バタンに着いた。

塔公草原　塔公寺　ムヤ寺　ムクツォ　**四川省**

 カンティン情歌と塔公寺、ムヤ寺

　四川省と雲南省にはチベットにお茶を運んだ幾筋もの茶馬古道が通る。チベットは野菜が少なく、それを補うためにお茶を飲んだ。茶馬古道は祈りの道でもある。四川省康定の塔公寺の屋根の向うに聳える雅拉雪山の雄大な風景は茶馬古道を行く旅人の心を癒しただろう。

　塔公寺門前でチリから来た青年が民宿とÇafeを営んでいた。チリもアンデスの豊かな自然の地で、四川と共通するものがあるのだろうか。

　木雅寺も塔公草原にある秘境の寺。寺の背後にお寺を抱くように標高5,820mのヤラ雪山が聳え、その向こうに真っ青な空があった。

　ヤラ雪山はチベット仏教の神山で、チベット高原の東端に位置し、東方の白犛牛（白いヤク）と呼ばれる。

　カンティンの街から塔公草原に向かう途中には「康定情歌」の故里、木格措がある。措は湖。どこからか康定情歌の歌声が聞こえる気がした。

53

四川省　ハイロウ溝

47 高山を仰ぐ壮大なドラマ

　その日、"蜀山の王"、蜀は四川省の略称、標高7,556mのコンガ山の麓の氷河、海螺溝は厚い雲に覆われ、周囲の雪山は見えなかった。氷河を歩いていると、ポツンと点のように青い色が現れた。青い点は次第に大きくなり、まるで額縁の絵を見るかのように雪山が現れた。壮大な大自然のドラマの一コマだった。山を見上げると黒い点のようなロープウェイのゴンドラがゆっくりと動いている。あんなに高く、大きな谷をまたいでロープウェイが通っている。霧の中を進むロープウェイに乗っていた人は、眼前に現れた舞台の幕が開いたような場面に大きな歓声を上げたことだろう。氷河の上を行くロープウェイは天空のロープウェイだった。ハイロウ溝氷河は燕子溝峡谷にある。エンヅ溝の一帯は森林公園で、その一角に川原が一面に赤い岩で埋め尽くされた紅石公園がある。

48 コンガ崇拝

　四川省の西部には、"蜀山の王"のコンガを見るビュースポットがいくつかある。なかでもユニークなのは康定空港の滑走路から見るコンガ。康定空港は康定市内から40kmほど離れた標高4,238ｍにある。中国で最も高いところにある空港は同じ四川の稲城ヤーティン空港で標高4,411ｍ。康定空港は中国で、また世界で三番目の高度の民用空港。

　コンガを間近に見たいと思い冷嘎措（ロンガツゥオ）に登った。ロンガツゥオは標高4,530ｍにある小さな湖。湖には多くの登山者が集まり、夕陽のコンガを写真に撮ろうと寒い中を待っていた。運が良ければ湖に映る夕陽のコンガが撮れるという。湖を通して見るコンガは神秘的だった。湖畔に佇む人々が影絵のように映り、夢の中を彷徨っているような気がする。

四川省　八美高原

49 八美の紅葉に魅せられて

　四川省の丹巴(タンバ)地方、八美高原の紅葉を訪ねた。途中、地元の人の案内で丹巴の峰を見渡せる山に登った。山の上からは周囲の山々が一望でき、山の名前を聞いたが、みんな"タンバ雪山"と答えてくれた。村に近い山だけは"野人山"だそうだ。

　八美高原は中国の最も美しい紅葉街道の一つではないかとも思う。その紅葉は紅でなく、白楊樹だろうか、黄金色の紅葉である。

　タンバの山も紅葉の樹も村の家も八美高原劇場の「錦秋の舞」の踊り手。八美の八は何だろうかとふと思う。紅葉、雪、山、緑の草原と花、美しい渓流、あとは何だろうか。自然と共に生きる八美女性か。あとの一つは紺碧の空なのだろうか。

タンパツァンツァイ　四川省

美人谷のチベット族村

　急峻な山の上にチベット建築の家が見える。村では赤い布で頭を飾った女性と行き交う。四川省西部のタンバには美人谷と呼ぶ地がある。
　丹巴藏寨(ツァンツァイ)はチベット族が暮らすチベット建築の村。土塀と望楼を持つ独特の集落様式を千年以上維持して民族の特色を守り続けてきた村である。そこで暮らす人々は"天人合一"の理想を求め、急峻な崖の上に村をつくった。丹巴藏寨で民族衣装を着飾り赤いスカーフをつけたタンバ美女の若い女性と昔のタンバ美女のおばあさんが村の特産品を売っていた。今と昔の美人谷の競演だった。ところどころに羌(チャン)族が暮らす茶色い家、羌寨(チャンツァイ)の村も見られる。チャン族の村には高い塔が建っている。塔は見張り台で、烽火台としても使われた。塔の数で村の大きさもわかるという。

57

四川省　スクニャン山　スクニャン山大峰　党嶺村フル海

 51 スクニャン山大峰を登る

　四川省の秘境、四姑娘山大峰に登るために準備も兼ね、党嶺村の葫芦海に登った。党嶺村は甘孜藏族自治州タンバ県のチベット族が暮らす仙境の村。村から900ｍほど登り、標高4,200ｍのフル海に着く。フル海は夏羌拉峰の麓の秘境の湖。翌日、スクニャン山鎮に向かい、長坪溝を歩いた。

　その翌朝、鎮を出発して16km先の大本営キャンプ地を目指した。鎮の標高は3,150ｍほど、キャンプ地は4,379ｍで8時間ほど歩いた。

　スクニャン山は四つの姉妹山の総称で、主峰は標高6,250ｍの第四峰、一番お姉さんの第一峰が標高5,025ｍの大峰。雨が激しくテントを叩き眠れないまま、三時に起きて真っ暗な登山道を二人のガイドと三人で出発した。頂上直下の標高4,900ｍにたどりつくが、頂上までの残り100ｍの足が非常に重く、そこから引き返えした。

　氷河が削ったようなカールが広がり、その向こうは雲海。前を行くガイドの姿が稜線に見え、雲を背に浮かんでいた。

十明佛学院　徳格印経院　**四川省**

 チベット文化の宝庫と標高5,000mの佛学院

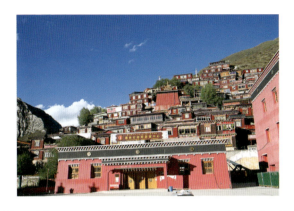

　四川省の西端、バタンを通る国道318号から北に向かうと、川蔵北線と呼ぶ国道317号に出る。その途中に白玉の街があり十明佛学院がある。
　十明佛学院は標高5,000m近くにあるチベット仏教寧瑪巴派総合仏教学院。チベット仏教の総合大学で800年の歴史がある。十明とは十の真理を明らかにする意。仏学だけでなく医学や心理学、哲学、占星、工芸分野にまで及ぶ。山肌を縫うように建つ、建築様式も瓦や壁の色も統一された学院と宿舎群の風景は圧巻である。
　国道317号が通る徳格には徳格印経院がある。チベット文化の宝庫、真珠とも称され、1729年に建立されたチベット仏教三大経典印刷所の一つ。山の斜面に紅い建物が並び、真っ青な空と紅葉と紅い家。お伽の世界、夢の世界に足を踏み入れていくような、そんな気がした。

四川省　新路海　国道317号　ツォダラ山

景観国道317号を行く

　チベット自治区と四川省の境界の街、徳格から国道317号を成都に向かう。しばらく走ると標高5,050mの雀兒山口（峠）。雀兒山は横断山脈の北端にある標高6,165mの山。雀兒山口を東に向かうと新路海に着く。標高4,040mの氷河湖。湖水は四川省西部を流れて金沙江となり、揚子江となる。そこには湖と川、雪山の雄大な風景があった。国道317号周辺には横断山脈の山々が続く。山から霧が昇り、太陽と霧と雲と山の幻想的風景があった。

　ガンズ県城（県庁所在地）の近くに聳える卓達拉山を近くで見たいと思い山に向かった。ツォダラ山は陽に照らされて輝き、神山の気が漂っていた。

ガンズ　四川省

54 聖なる温泉の街と祈りの街道

　国道317号をチベット拉薩(ラサ)に向かうお遍路さんが歩いていた。2018年、川藏南線の新都橋で荷車を押して茶馬古道を旅する若いお遍路さんに出会った。彼女は西安を出発して今日で51日目、これからラサに向かいますと話していた。どこに行くのか三人の僧が山を歩いている。

　ガンズ県城は国道317号沿線の美しい街だった。標高3,390mにあり、人口の95％をチベット族が占める。街の南にツォダラ山が優美な姿で聳え、丘の上には大きな白塔があり、あちらこちらから温泉の湯けむりが昇っている。街の多くのホテルでは温泉に浸かることができる。

四川省　黄龍　華棚溝

仙境の翡翠池とアバの渓谷美

　四川省、阿壩藏族チャン族自治州にある黄龍溝は黄土の台地に翡翠色の水が輝き、"人間瑶池"、"人間仙境"、"世界の翡翠"と言われる世界自然遺産。中国人の心の中の龍に例え黄龍と名付けられ、チベット族は黄金の海子（湖）と称える。晩秋には翡翠の五彩池の向こうに黄龍寺の甍と紅葉、白く輝く雪山を見ることができる。

　アバには華棚溝もあり、スクニャン山麓の長坪溝とつながっている。透き通った水に緑が映る美しい湖があった。黄緑色の草が湖面に反射し見事な美しさである。次は、二日かけて長坪溝まで歩きたいと思う。

62

チベットの愛に育まれた世界自然遺産

　四川省の九寨溝は中国で六絶（六つの極め）と言われ、雄大な滝と森、翡翠のような水、雪峰、藍色の氷そしてチベットの愛があり、地球のすばらしさと不思議を感じる世界の遺産である。

　五彩池の透き通ったブルーや翡翠のような水の色、まさにチベットの愛によって生まれた神の神秘の造形だった。五彩池は"九寨之眼"とも言われ、九寨溝で最も美しい湖で、その水は冬も凍らない。

　ガイドのチベット族女性は、子供の頃は山の上の牧場で育ち、村の学校に行くことができず、ガイドをしながら中国語（普通話）を覚えて息子さんを大学に入れた。卒業した息子さんは九寨溝の管理事務所で働いていた。自慢の息子さんを交えて楽しいひと時を過ごした。

四川省　ルォアルガイ大草原

57 草原情歌

　四川省アバ藏族チャン族自治州に若尔盖（ルォアルガイ）と紅原の大草原がある。
　その草原の面積は九州より広く、花湖や黄河九曲の景勝地もある。
　緑の美しさに癒され、一日中草原の中を走っても飽きることがない。緑の海の中に村がある。村の子供たちは若葉のように育つのだろう。
　ルォアルガイ大草原は標高3,500ｍほどにあり、湿地も多く、世界最大の高原の貯水池。黄河の水源で、黄河の給水塔とも形容される。
　一日、草原を車で走ってもまだ草原、そこには草原と山、雲の多様な風景があった。

白河　花湖　紅原大草原　**四川省**

58 魚戯清波の湿地

　紅原草原、ルォアルガイ草原を流れる白河の近くを車で走っていると、一筋の黄色い線が目に飛び込んできた。大きな菜の花畑が草原の中にあるのだろうと思ったが、そこに向かう道が無い。道端で若い夫婦が果物やキノコを売っていたので、バイクに乗せてもらい、草原のでこぼこ道を走った。しばらく走ると白河畔にすばらしい菜の花畑が見えた。白川はその先で黄河に合流する。

　花湖は中国で最も美しい湿地の一つで、黒頸鶴やマーモットが生息する。"黒頸鶴の郷"、"魚戯清波"と呼ばれる。6月～7月が花の時期で一面に白い花、赤い花が咲く。湿地の遊歩道で観光客の二人の女性が民族衣装を身に着けて踊り、広大な湿地の風景に溶け込んでいた。都会の劇場に劣らない夢の舞台である。

　草原で家族が馬と一緒に団欒のひと時を過ごし、時がゆっくりとながれていた。

四川省　レンバオイエツ

59 バーヤンカラ山脈の神界トレッキング

　どこかでチベット仏教の僧侶があずき色のラマ服を着て、湖畔を歩く写真を見た。湖の向こうには不思議な存在感がある雪の岩山があった。まるで来世の仏の世界のような写真で、地名には年保玉則(ネンバオユツ)とあった。

　年保玉則は環境保護のため、現在は立ち入り禁止。同じ巴顔喀拉山脈(バーヤンカラ)の四川省側、蓮宝叶則(レンバオイエツ)は開放されていた。景区に入り、しばらく車で走ると正面に不思議な岩山が見えてきた。異次元の世界に足を踏み入れるような不思議な感覚になる。

　蓮宝叶則と年保玉則はチベット高原南東部、四川省のアバ藏族チャン族自治州の阿壩県と青海省久治県にある。次は青海省側から歩きたいと思う。"何日君再来"（いつまた来ますか）と山が呼びかけていた。

66

国道345号　黄河第一湾大橋　黄河九曲第一湾　**四川省・甘粛省**

 母なる黄河

　甘粛省の南を「甘南」と呼ぶ。甘南の瑪曲(マチュ)から青海省久治への途中、黄河第一湾大橋を渡る。河畔の草原で恋人たちが肩を並べ、黄河を見ながら休んでいた。母なる河、雄大な黄河を前に恋人たちが語り合う。なんと素晴らしい光景だろうと思いながらシャッターを切る。こちらの様子に気づいたのか手を振って答えてくれた。

　「黄河九曲第一湾」は「雲端天堂」、雲の中の楽園で、最も美しい黄河景観の一つ。第一湾を見下ろす丘の上からの黄昏夕照は眞に天堂。

　「黄河九曲」とは黄河が源を発し、渤海湾に注ぐまでに九つの省と地で大曲をすることを表わす。黄河は青海省に源を発し、甘粛省、内モンゴルを流れ、陝西省と山西省の境を流れて東に向かい渤海湾に注ぐ。

61 秘境甘南

　「甘南」の迭(シュアン)部の街から30kmほど行くと迫力ある大きな岩山が現れる。岩山の真下に村がある。それが扎ガ那(ヴァガナ)。ヴァガナとは石の迷宮の意。天上のヴァガナとも言われる。周囲の山を一日、ガイドと二人で歩いた。その名の通り岩山の迷宮の世界が拡がっていた。

　郎木寺は甘粛省碌曲県と四川省アバ藏族チャン族自治州にあり、街の通りを隔て甘粛省と四川省に分かれている。街の中を白龍江が流れ、二つのチベット仏教寺院が白龍江をはさみ向かい合っている。牧場で遊んでいた少年と少女の案内で山の中を歩いた。

大足石刻　**重慶市**

世界文化遺産の千年石刻

　大足石刻は重慶市大足県にある141の崖に彫られた石刻の総称。像は5万体あり、世界文化遺産。中国後期石窟芸術の代表とされる。唐末から南宋にかけて主に制作され、仏教、道教、儒教の統合芸術と言われる。
　中国古代三大石窟は敦煌莫高窟、洛陽龍門石窟、大同石窟である。大足は石刻と呼ばれ、石窟とは区分されているようだ。
　このような多くの仏像を石に刻んだものとただ驚嘆する。大足石刻は太陽の光がさす明るい場所にあり、一体一体の像が語りかけてくるような感覚になる。

湖南省・安徽省　天門山　黄山

峡幽神秘、五絶の世界

　湖南省張家界の街の近くに標高1,519mの天門山が聳えている。天門山から見下ろした張家界の街は雲におおわれ雲海が拡がっていた。

　天門山に霧が立ち込めると"天門吐霧"と言われ、龍が煙を吐くように大きな天門洞を霧が流れて"峡幽神秘"の世界が現れる。天門山の向かいには張家界の街を挟み武陵源がある。

　武陵源は、奇峰、幽谷、秀水、深林、溶洞（鍾乳洞）の"五絶"と言われ、その奇岩群は大自然がつくる仙境と迷宮の世界である。

　安徽省の黄山も中国第一の"奇山"。"天井図画"と言われる。暗いうちに日の出を見るため宿を出た。懐中電灯をかざした多くの人が集まっている。奇岩の峰と朝日の風景は、やはり天井図画だった。

鳳凰古城　芙蓉鎮　**湖南省**

 湘西民族の風情が残る古城と村

　湖南省西部を「湘西」と呼び、土家族(トゥジャ)や苗族(ミヤオ)が暮らす。鳳凰は中国最美の小城（小さな街）で明代からの500年古城。沱江(トゥオジャン)両岸を結ぶ飛び石は鳳凰を象徴する風景で、"トゥオジャン四橋"と呼ばれる趣のある「風橋」「雨橋」「雪橋」「霧橋」がかかっている。

　鳳凰で"叫花鶏"(ジャオファチー)を食べた。鶏の羽を毟り、内臓を出してお腹にシイタケや玉葱、生姜などを入れて白酒や黄酒、荷叶という蓮の葉を乾燥させたものや八角などの香料、醤油、塩などで味をつける。そして鶏を丸ごと、赤土を白酒などでこねて粘土状にした土で塗りかためて包み完全に密封する。そうすると保存食にもなる。土にくるまれた鶏を火にあぶり煙で蒸すように時間をかけて焼く。味がしみとおりしかも肉が柔らかく絶品である。芙蓉鎮は湘西四大古鎮の一つで千年古鎮。水運の要衝にあり「楚」（湖北）「蜀」（四川）「黔」（貴州）に通じ、大滝の真上に家がある滝の上の趣のある古鎮。

湖南省・貴州省　早崗苗寨　西江千戸苗寨

千戸苗寨と最後の苗寨

　湖南省の西、湘西の地に最後の苗寨（ミャオ族が暮らす村）と言われる苗人谷がある。苗人谷には今もミャオ族文化が色濃く残る。ミャオ族は、独自の言語を持ち、ミャオ語を話す。万物信仰、自然崇拝のもとに、今も自然と共生して暮らす稲作民族である。家の塀は石が積まれ、石を敷き詰めた村の路地を、籠を背負った苗族の老婆が歩いていた。

　貴州省の西江には"千戸苗寨"と言われる大規模なミャオ族の村がある。千戸と言われるように山の上までミャオ族建築様式の木造の家が隙間なく建っている。

ロンジィ棚田　広西壮族自治区

66 棚田の村

　広西壮族自治区の龍脊(ロンジィ)棚田を訪ねた。棚田は宋から清初期にかけてつくられた。定規で寸法を測ったかのように、標高500mの麓の村から1,000mの山の頂まで幅1mほどの段々畑が続いている。
　村には壮(ツァン)族、瑶(ヤオ)族が暮らし、ヤオ族は女性上位社会。女性は髪の長さを誇り、結婚するまで布で髪を隠す。髪を黒々と輝かせるために米のとぎ汁で髪を洗うという。村で出会った女性はお年寄りでさえ黒々と輝く長い髪だった。ヤオ族の若い女性は家の三階で暮らし、男性が女性に会うには家の外に三階まで渡した直径20cmほどの丸太を登らねばならないという。登れて初めて女性に認められるのだそうだ。

福建省　福建土楼

67 クジャの故郷

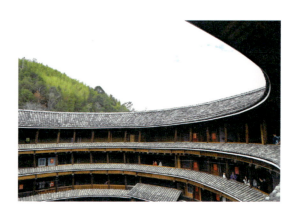

　「福建土楼」は主に福建省と広東省にあり、古くは宋元時代、多くは明末から清にかけて建てられた円形、または四角形の中庭がある土建築の集団生活住居である。三合土と言われる、石灰と泥と砂を混合した土で壁面を積み上げている。
　福建省には3,000棟ほどの土楼があり、現存する建物のうち43棟が世界文化遺産。「客家」(はっか)により建てられ、客家土建築とも言われる。「客家」とは、地元住民でも、また単なる部外者の客人でもない、他地域からの移住者。主に唐から北宋にかけ黄河流域の中原から南方に移住した人を「客家」と言う。大きな土楼には400もの部屋数があり、中庭には通路や店もあり、まるで村の市場のようである。

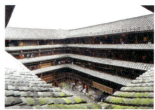

開平　広東省

68 華僑の故郷

　1840年～1911年にかけて数百万人の中国人が米国などに渡り鉱山で金採掘や鉄道建設、農業に従事し、都会では貿易や飲食業などの仕事に就いた。アメリカ大陸横断鉄道は広東省の江門から米国に渡った労働者の労力により建設された。彼らは"売猪仔"（子豚を売る）と呼ばれ、海外で苦役に就く中国人の血と涙と汗を象徴する言葉だった。

　広東省の江門市の開平に「開平望楼」と呼ばれる、故郷に帰った華僑が建てた建物群が残る。「開平望楼」は1915年から1925年頃、中国と西洋のデザイン様式を取り入れて建てられ、多くが4、5階の鉄筋コンクリート造りである。建物の数は千を超え、華麗で重厚な建物群は世界文化遺産に登録されている。

　開平望楼の建物の屋上から周囲の楼を見ると、その一つ一つの建物が移民の辿った歴史を語りかけているようでもあった。

広東省　丹霞山

 朝日に輝き雲海に浮かぶ岩峰

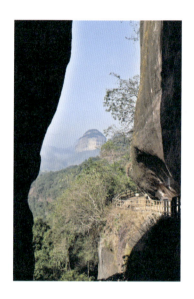

　日の出前、岩峰が海に浮かぶ島のように雲海に浮かんでいる。日が昇ると赤い一筋の線が伸びて岩峰が輝き始めた。遠くには街の明かりが小さく見えている。

　広東省は広州や深圳、また香港、マカオなど大都会の印象が強い。そんな広東省で広州から鉄道とバスで3時間ほどのところに、こんなに素晴らしい岩山の風景を見ることができるとは意外だった。日の出前、刻々と空の色が変わる。霧が晴れ、山の麓はこんな景色だったのかと驚く。山を下ると岩壁の隙間から丹霞山の象徴である円錐形の岩峰が見える。丹霞山には男岩、女岩と呼ぶ不思議な岩がある。男岩を前に女性旅行者が楽しそうに踊っていた。

洞天仙境　英西峰林　**広東省**

70 不思議な洞窟

　広東省の丹霞山にも近いところに「洞天仙境」の不思議な洞窟がある。ボートに乗って真っ暗な洞窟に入ると、暗闇の先に陽の光が注ぐ空間が見える。滝を落ちる水滴が陽に輝き、真っ暗な映画館でスクリーンに映る映像を見ているような景色である。そして真上を見ると大きな楕円の天窓から青空が見えた。周囲の岩壁がせり上がり、まるで天然のドーム球場である。中国ではこのような地形を天坑と呼ぶ。

　近くには三角錐の山が連なる英西峰林がある。"小桂林"の雰囲気が漂い、三角錐の山の麓の村では朝日に照らされて村人が畑仕事をしていた。

77

浙江省　西湖　六和塔

71 紅葉と夕映えの西湖

　上海の超高層ビル群、趣ある租界時代の外灘の建物、35年前に初めて訪れた時、そこから見える風景は東方明珠塔の杭打ち工事だった。建設中の楊浦大橋の塔屋に登れば黄海に浮かぶ船が見え、黄浦江を行く白い客船が映画のシーンのように浮かんでいた。

　上海に近い杭州の街も大きな変貌を遂げた。しかし西湖を照らす夕陽と湖の風景は昔と変わらなかった。夕陽を見ながら蘇堤を歩いていると、柳の木陰からチャイナドレスを着た少女がニーハオと微笑みかけて出てくるような錯覚にとらわれる。紅葉の六和塔も逆流の銭塘江を見下ろしながら昔の風情を保っていた。

78

万峰林　黄果樹瀑布　**貴州省**

72 カルスト峰の林と大瀑布

　貴州省の省都、貴陽から黔(チィェン)西南方面に向かった。チィェンは貴州の呼び名。途中、高速道路は盤江の峡谷に架かる北盤江第一橋を通る。全長1,341m。水面からの高さは565mの世界一の高度の大橋。
　西南布(ブイ)依族ミャオ族自治州の興義市東南にカルスト地形の三角錐の山が林立する万峰林がある。万峰林を見渡すことができる山に登った。三角錐の山の麓には小さな村が点々とあり、緑の畑と収穫後の茶色い畑が拡がっていた。春にはその村は菜の花畑に囲まれ、一面の黄色い畑の向こうに万峰林が見える。
　どこまでも続くカルスト峰の林の向こうに夕陽が沈んだ。
　貴陽から130km、安順市郊外に大瀑布、黄果樹瀑布がある。広東省に注ぐ珠江水系の盤江支流にある大滝、小滝の2段の滝。幅およそ100m、高さおよそ80mの見事な滝である。

73 古銀杏の村

　万峰林にも近い妥楽村は古銀杏の村。暖冬で銀杏の色づきには早かったが、農家のトウモロコシが錦秋の彩を添えていた。

　村の家では軒下にとうもろこしを干し、幼い兄妹が庭で遊んでいる。観光客の4人の女性が苗族の衣装を着て傘をさして写真を撮っている。4人の女性が風景に溶け込んでいた。

　昔、貴州は「天に三日の晴なし、地に三里の平地なし、家に三分の銀もなし」と言われ、中国で最も貧しいとされた地。そんな貴州も驚くような変貌を遂げて省都の貴陽は近代的大都市になった。瑶族やミャオ族など少数民族集落も民族の建築様式を残しながらも現代的建物に変わった。しかし、「豊かさ」と「豊かな生き方」は違うということもトゥオル村の農家の佇まいが教えてくれている気がする。軒下に吊るされたトウモロコシは少数民族のそんな生き方を語るように、これからも輝き続けるだろう。

74 世界自然遺産の古橋と癒しの峡谷

　荔波小七孔（穴）は貴州省チィェン南プイ族ミャオ族自治州荔波県にある世界自然遺産。朝早く、誰もいない小七孔に行った。有名な古橋は緑の水の中でひっそりと佇んでいた。古橋には七つのアーチ状の穴があり、小七孔の名前の由来になっている。周囲の樹々が緑の水に映り、なんとも言えない美しさである。橋を渡る人の姿が水に映っている。七つのアーチが水に映り、小七孔は小十四孔になっていた。

　小七孔公園では滝や湿地、洞窟などカルスト地形の変化に富む風景を見ることができる。峡谷を歩いていると、濃いマイナスイオンの中に身を置いている実感が湧く。川の中の草や苔の緑にも癒され、小七孔は癒しの峡谷だった。

75 シルエット

　江西省南昌で中国四大名楼の滕王閣の優美なシルエットを贛江河畔で見た。「滕王高閣臨江渚　間雲潭影日悠悠……」(トン王の高楼が大河の渚にあり、漂う雲と水に移る影……)の詩がある。
　清朝皇帝は夏に紫禁城の暑さを避け、河北省承徳の避暑山荘で過ごした。承徳の普楽寺旭光閣は瑠璃硝子の屋根瓦と黄金宝頂のある円形建物で、陽が沈むと旭光閣と境内の木々が美しいシルエットをつくる。
　内モンゴル自治区の北の果て、室韋の街にオルグナ河が流れ、河の向こうにロシアの村が見える。シベリアの大地に沈む夕陽を見る人たちが美しいシルエットを描いている。

トゥジャンヤン南橋　ヤンロンハトゥ　成都安順廊橋　**四川省**

 橋

　四川省都江堰(とこうぜき)の岷江支流に架かる南橋は水上画楼と呼ばれる優美な廊式橋。清代の光緒四年、1878年の建築である。
　四川省アバ蔵族自治州、黒水にチベット族の村、羊茸哈徳がある。ヤンロンハトゥには不思議なチベット仏教の施設、祭具がたくさんあり"神仙が住む村"と言われる。村に入る川に不思議な橋が架かっていた。同じ四川省には成都市内を流れる南河に美しい安順廊橋がある。

83

四川省・広西壮族自治区　成都杜甫草堂　成都パンダ公園　黄姚古鎮

77 竹と圓門

　中国の公園では竹や柳の美しさに癒される。四川省成都では杜甫草堂の竹林の美しさに感動し、パンダ研究基地公園には美しい竹のトンネルがあった。

　広西壮族自治区賀州に近い黄姚古鎮は宋代からの千年古鎮。石畳の細い路地に沿って古い家が並ぶ趣のある古鎮。黒煉瓦と木造の家は嶺南建築様式で、その一つ、清代道光年に建てられた郭家大院は200年の歴史がある。中庭には二つの「圓門」が向き合う。圓門を通してその向こうの風景を見るのも楽しい。いつも圓門をくぐる時、もっと円く穏やかになれ、と諭されているような気がする。

パンロン古道　タリム盆地と甘粛省敦煌郊外の道　新疆ウィグル自治区・甘粛省

 道

　盤龍古道はカシュガルとタジキスタンのイスハラ湖を結ぶシルクロードの古道にあり、タクラマカン砂漠とパミール高原を繋ぐ道である。

　現在の道路は2019年に完成した車道で、全長75km。S字道路が36km続き、山頂から麓までS字カーブが600か所あり、連続するカーブを撮影するため多くの旅行者が訪れる。

　新疆ウィグル自治区や甘粛省、青海省、内モンゴル自治区を車で走ると、どこまでも続く一筋の道を通る。そのまま走ると雲に乗り、天に駆け昇っていく気がする。そんな道を羊の群れが通り、ラクダも通る。

　中国の歌に一条路という歌がある。昔から今まで、風雨の中を歩いてきた。私だけの道を……。一条路はそこを行く人に何かを語りかけているのかも知れない。真っ直ぐ行くのもいいけれど、時には肩の力を抜いて回り道でもしたら……と。

85

79 旅の出会いと想い出

　中国を旅しているといろんな人に出会う。その出会いも旅の魅力の一つ。甘粛省ヅァガナ周辺には美しい岩山が多い。山を歩いていると村人が焚火を囲んでいた。その輪に加わり楽しい時間を過ごした。しばらく歩くと、小豆色の僧衣を来た三人の若者が、飲んで下さいと持っていたペットボトルのお茶を渡してくれた。

　そして、中国の旅の全てに想い出がある。写真を見ると、写真を撮った時の自身の心情すら蘇ってくる。

　雲南省では雨崩下村に住むチベット族ガイドの青年と二人だけで山登りをした。誰にも出会うことなく、梅里雪山を望む山の頂に着き二人で万歳した。新疆の草原では同行の仲間とすばらしい景観を前に皆で歓声を上げ万歳した。

　中国の旅にはいつも心に残るたくさんの出会と想い出がある。

著者 和中清（わなか きよし）

株式会社インフォーム代表、経営コンサルタント。1946年大阪生まれ、同志社大学経済学部卒、監査法人、経営コンサルティング会社勤務後独立。1991年に上海への投資を紹介する「上海投資戦略」（インフォーム）を発表。1992年に上海に事務所を置き日本企業の中国事業に協力。以後、日本企業への事業協力、本とコラムへの執筆活動を続け現在に至る。

著書に『愛と心のバレエ ユーラシアの懸け橋に 心を結ぶ芸術の力』（日本僑報社）、『中国市場の読み方』（明日香出版社）他多数。『奇跡 発展背後的中国経験』（中国・東方出版社）は国家シルクロード出版事業「外国人が書く中国」プロジェクトで傑出創作賞受賞。2023年、中国国際航空公司・人民網主催の「心に映る中国〜日本人がとらえた中国フォトコンテスト」でエアチャイナ特別賞受賞。

感動中国100　https://kando-chugoku.net/

第3回 中友会出版文化賞受賞作

わぁお〜 と すっごい 感動中国

2025年3月15日　初版第1刷発行
著　者　和中　清（わなか きよし）
発行者　段　景子
発行所　日本僑報社
　　　　〒171-0021 東京都豊島区西池袋3-17-15
　　　　TEL03-5956-2808　FAX03-5956-2809
　　　　info@duan.jp　http://jp.duan.jp
　　　　e-shop「Duan books」
　　　　https://duanbooks.myshopify.com/

Printed in Japan.　　　　ISBN 978-4-86185-361-6　C0036

＼ 私たちも参加しています!! ／　　　※肩書は受賞当時のものです

主婦 第7回 中国大使賞 金丸利枝さん／元卓球選手 特別賞 福原愛さん／衆議院議員 特別賞 神谷裕さん／元東京都知事 第6回 中国大使賞 舛添要一さん／会社員 第6回 特別賞 高畑友香さん／プリマバレリーナ 特別賞 森下洋子さん／松山バレエ団総代表 第6回 特別賞 清水哲太郎さん／滋賀県知事 第5回 中国大使賞 三日月大造さん／高校生 第5回 特別賞 中ノ瀬幸さん／俳優 第5回 特別賞 矢野浩二さん／俳優、旅人 第5回 特別賞 関口知宏さん／衆議院議員 第5回 特別賞 赤羽一嘉

落語家 第4回 特別賞 林家三平さん／会社員 第4回 中国大使賞 田中伸幸さん／会社員 第3回 中国大使賞 池松俊哉さん／第3回 特別賞 矢倉克夫さん／衆議院議員 第3回 特別賞 海江田万里さん／早稲田大学大学院 第2回 中国大使賞 乗上美沙さん／衆議院議員 第2回 特別賞 鈴木憲和さん／華僑大学 第1回 中国大使賞 原麻由美さん／第1回 特別賞 伊佐進一さん／衆議院議員 留学エピソード 特別賞 西田実仁さん／参議院議員 留学エピソード 特別賞 近藤昭一さん／衆議院議員

忘れられない

中国滞在エピソード
コンクール

毎年開催！

中国滞在経験者以外あまり知られていない、日本人が見たありのままの中国の姿、真実の体験記録など、両国のウインウインの関係に寄与するポジティブエネルギーに満ちたオリジナリティーあふれる作品を是非お寄せ下さい。

中国に行ったことのない方、現在中国滞在中の方も大歓迎!!

受賞作品集シリーズ
計8冊

第7回 中国で人生初のご近所付合い
舛添要一 神谷裕 福原愛 金丸利枝など43人著
2500円＋税

第6回「香香(シャンシャン)」と中国と私
三日月大造 清水哲太郎 森下洋子 高畑友香など45人著
2500円＋税

第5回 驚きの連続だった中国滞在
赤羽一嘉 関口知宏 矢野浩二 中ノ瀬幸など43人著
2500円＋税

第4回 中国生活を支えた仲間
林家三平 田中伸幸など47人著
2500円＋税

第3回 中国産の現場を訪ねて
海江田万里 矢倉克夫 池松俊哉など82人著
2600円＋税

第2回 中国で叶えた幸せ
鈴木憲和 乗上美沙など77人著
2500円＋税

第1回 心と心つないだ餃子
伊佐進一 小島康誉など44人著
2200円＋税

忘れられない中国留学エピソード
近藤昭一 西田実仁など48人著
2600円＋税

コンクールHP
http://duan.jp/cn/

中国滞在エピソード友の会

揮毫 **福田康夫** 元内閣総理大臣、中友会最高顧問

日本僑報社が同社主催の「忘れられない中国滞在エピソード」コンクール参加者を中心として2020年に設立。日本各地に点在する中国滞在経験者に交流の場を提供し、日中両国の相互理解を促進するための活動を行っています。正会員、準会員のほか、「**中友会e-会員**」制度があります。中国滞在経験の有無にかかわらず、日中交流に関心を持ち、本事業の趣旨にご賛同いただける方ならどなたでもご登録いただけます。皆さまのご理解とご協力を切にお願い申し上げます。

☆現在中国在住の方も大歓迎！
中友会ホームページ
http://duan.jp/cn/chuyukai.htm

第1回中友会出版文化賞受賞作
七歳の僕の留学体験記

中友会青年委員 **大橋遼太郎** 著

ある日突然中国の小学校に留学することになった7歳の日本人少年の奮闘と、現地の生徒たちとの交流を書いた留学体験記。

第1位 楽天ブックス 週間ランキング〈留学・海外赴任〉(2023/3/13～19)

2023年刊 ISBN 978-4-86185-331-9 四六判164頁 並製 定価1600円+税

第2回中友会出版文化賞受賞作
うちのカミ讃(さん) ひとつ屋根の下の異民族共生

滝口 忠雄 著

封建的と言われる日本人と女性が強いと言われる中国人の所帯ってどんな感じ!?
国境を超えた結婚生活を綴った人気コラムが待望の書籍化！

2024年刊 ISBN 978-4-86185-348-7 四六判136頁 並製 定価1800円+税

祝 中国人の日本語作文コンクール 20周年

http://duan.jp/jp/index.htm

毎年開催！ 中国の若者たちが直接日本語で綴ったリアルな「生の声」

第11回 なんでそうなるの？
中国の若者は日本のココが理解できない
2000円＋税

第12回 訪日中国人「爆買い」以外にできること
「おもてなし」日本へ、中国の若者からの提言
2000円＋税

第13回 日本人に伝えたい 中国の新しい魅力
日中国交正常化45周年・中国の若者からの
メッセージ伝える若者からの生の声　2000円＋税

第14回 中国の若者が見つけた 日本の新しい魅力
見た・聞いた・感じた・書いた、新鮮ニッポン！
2000円＋税

第15回 東京2020大会に、かなえたい私の夢！
日本人に伝えたい中国の若者たちの生の声
2000円＋税

第16回 コロナと闘った中国人たち
日本の支援に「ありがとう！」
伝える若者からの生の声
2000円＋税

第17回 コロナに負けない交流術
中国若者たちからの実践報告と提言
2000円＋税

第18回 日中「次の50年」
中国の若者たちが日本語で綴った提言
2000円＋税

第19回 囲碁の知恵を 日中交流に生かそう
中国の若者たちが日本語でいた未来ビジョン
2000円＋税

第20回 AI時代の日中交流
中国の若者たちが日本語で綴った"生の声"
2000円＋税

第1回 日中友好への提言2005
2200円＋税

第2回 壁を取り除きたい
1800円＋税

第3回 国という枠を越えて
1800円＋税

第4回 私の知っている日本人
中国人が語る友情、誤解、WINWIN関係まで
1800円＋税

第5回 中国への日本人の貢献
中国人は日系企業をどう見ているのか
1900円＋税

第6回 メイドインジャパンと 中国人の生活
日本のメーカーが与えた中国への影響
2000円＋税

第7回 蘇る日本！今こそ示す日本の底力
千年に一度の大地震と戦う日本人へ
2000円＋税

第8回 中国人がいつも大声で 喋るのはなんでなのか？
2000円＋税

第9回 中国人の心を動かした「日本力」
日本人も知らない感動エピソード
2000円＋税

第10回「御宅（オタク）」と呼ばれても
中国"90後"が語る日本のサブカルと
中国人のマナー意識
2000円＋税

小中学生から教師、文学研究者まで
世界中で読まれている
児童文学の名作全集

初の邦訳！

溢れでる博愛は
子供たちの感性を豊かに育て、
やがては平和につながっていくことでしょう。

——海老名香葉子
[エッセイスト、絵本作家]

ほうしがい
豊子愷児童文学全集
[全7巻] 各1500円

竹久夢二との親交、源氏物語の翻訳、近代中国を代表する文学者

第1巻 一角札の冒険
次から次へと人手に渡る「一角札」のボク。社会の裏側を旅してたどり着いた先は……。世界中で愛されている中国児童文学の名作。
日中翻訳学院 小室あかね 訳 ISBN 978-4-86185-190-2

第2巻 少年音楽物語
中国では「ドレミ」が詩になる？ 家族を「ドレミ」に例えると？ 音楽に興味を持ち始めた少年のお話を通して、音楽の影響力、音楽の意義など、音楽への思いを伝える。
日中翻訳学院 藤村とも恵 訳 ISBN 978-4-86185-193-3

第3巻 博士と幽霊
霊など信じなかった博士が見た幽霊の正体は？ 人間の心理を鋭く、ときにユーモラスに描いた傑作短編集。
日中翻訳学院 東滋子 訳 ISBN 978-4-86185-192-6

第4巻 小さなぼくの日記
どうして大人はそんなことするの？ 小さな子どもの瞳に映った大人社会の不思議。激動の時代に芸術を求め続けた豊子愷の魂に触れる。
日中翻訳学院 柳川悟子 訳 ISBN 978-4-86185-195-7

第5巻 わが子たちへ
時にはやさしく子どもたちに語りかけ、時には子どもの世界を通して大人社会を風刺した、近代中国児童文学の巨匠のエッセイ集。
日中翻訳学院 藤村とも恵 訳 ISBN 978-4-86185-194-0

第6巻 少年美術物語
落書きだって芸術だ！ 豊かな自然、家や学校での生活、遊びの中で「美」を学んでゆく子供たちの姿を生き生きと描く。
日中翻訳学院 舩山明音 訳 ISBN 978-4-86185-232-9

第7巻 中学生小品
子供たちを優しく見つめる彼は、思い出す。学校、先生、友達は、作家の青春に何を残しただろう。若い人へ伝える過去の記録。
日中翻訳学院 黒金祥一 訳 ISBN 978-4-86185-191-9

多数のメディアで書評掲載！
（朝日新聞、読売新聞、毎日新聞 ほか）

日中翻訳学院の授業内容を凝縮したロングセラー
日中中日 翻訳必携 シリーズ

大好評につき続々増刷!!

基礎編　翻訳の達人が軽妙に明かすノウハウ

武吉次朗 著

2021年2月 第四刷発行

古川 裕（中国語教育学会会長・大阪大学教授）推薦のロングセラー。著者の四十年にわたる通訳・翻訳歴と講座主宰及び大学での教授の経験をまとめた労作。

四六判180頁 並製　定価1800円＋税
2007年刊　ISBN 978-4-86185-055-4

実戦編　よりよい訳文のテクニック

武吉次朗 著

2020年7月 第三刷発行

実戦的な翻訳のエッセンスを課題と講例・講評で学ぶ。翻訳に取り組む心構えと訳者がよくぶつかる問題点と解決策が簡潔に紹介されており、より良い訳文づくりのためのヒントが満載された一冊。

四六判192頁 並製　定価1800円＋税
2014年刊　ISBN 978-4-86185-160-5

実戦編II　脱・翻訳調を目指す訳文のコツ

武吉次朗 著

ワンランク上の訳に仕上げるコツを全36回の課題と訳例・講評で学びながら、自然に中国の社会・文化についての理解を深めることができる。プロ翻訳者を目指す方に役立つ必携テキスト。

四六判192頁 並製　定価1800円＋税
2016年刊　ISBN 978-4-86185-211-4

実戦編III　美しい中国語の手紙の書き方・訳し方

千葉 明 著

2021年2月 第二刷発行

日中翻訳学院の武吉次朗先生が推薦する「実戦編」第三弾！中国語手紙の構造を分析して日本人向けに再構成し、テーマ別に役に立つフレーズを厳選。

A5判202頁 並製　定価1900円＋税
2017年刊　ISBN 978-4-86185-249-7

実戦編IV　こなれた訳文に仕上げるコツ

武吉次朗 編著

2020年6月 第三刷発行

「解説編」「例文編」「体験談」の各項目に分かれて、編著者の豊かな知識と経験に裏打ちされた講評に加え、図書翻訳者としてデビューした受講者たちの率直な感想を伝える。

四六判176頁 並製　定価1800円＋税
2018年刊　ISBN 978-4-86185-259-6

実戦編V　直訳型、意訳型、自然言語型の極意

高橋弥守彦　段景子 編著

中文和訳「高橋塾」の授業内容を一冊に濃縮！言語学の専門家が研究した理論と実践経験に基づく中文和訳に特化した三種の訳し方が身につく。

四六判200頁 並製　定価2000円＋税
2023年刊　ISBN 978-4-86185-315-9

中日対照言語学概論
―その発想と表現―

日中翻訳学院院長
大東文化大学名誉教授　高橋弥守彦 著

中日両言語は、語順や文型、単語など、いったいなぜこうも表現形式に違いがあるのか。最新の研究成果をまとめ、中日両言語の違いをわかりやすく解き明かす。

A5判256頁 並製　定価3600円＋税
2017年刊　ISBN 978-4-86185-240-4

同じ漢字で意味が違う
日本語と中国語の落し穴
用例で身につく「日中同字異義語100」

久佐賀義光 著

"同字異義語"を楽しく解説した人気コラムが書籍化！中国語学習者だけでなく一般の方にも。漢字への理解が深まり話題も豊富に。

四六判252頁 並製　定価1900円＋税
2015年刊　ISBN 978 4 86185 177 3

日本僑報社好評既刊書籍

俳優・旅人 関口知宏 著
「ことづくりの国」日本へ
そのための「喜怒哀楽」世界地図 **新装版**

NHK「中国鉄道大紀行」で知られる著者が、人の気質要素をそれぞれの国に当てはめてみる「『喜怒哀楽』世界地図」持論を展開。

四六判248頁 並製 定価1800円+税
2018年刊 ISBN 978-4-86185-266-4

中国の"穴場"めぐり

日本日中関係学会 編
宮本雄二氏推薦

【特別収録】
関口知宏が語る「異郷有悟」
日本との違いをかき集める旅
—中国鉄道大紀行3万6000キロで見つけたこと—

A5判160頁 並製 定価1500円+税
2014年刊 ISBN 978-4-86185-167-4

日本人が参考にすべき
現代中国文化

長谷川 和三 著

今知っておきたい
中国の実情

この本を読むと、中国のイメージが変わる。永年中国で仕事した技術者の報告。

四六判192頁 並製 定価1900円+税
2019年刊 ISBN 978-4-86185-263-3

技術者が参考にすべき
60歳からの第二の人生

長谷川 和三 著

新しい仕事、学習、講義、旅行……長年中国で仕事してきた機械技術者がその道程を振り返り、これから迎える晩年に思いを馳せる。

四六判192頁 並製 定価1900円+税
2019年刊 ISBN 978-4-86185-263-3

わが七爸 周恩来

第1位
Amazon
ベストセラー
(歴史人物評伝)
(2022/9/29～10/1)

周爾鎏 著
馬場真由美 訳
松橋夏子

新中国創成期の立役者・周恩来はどのような人物であったのか。親族だからこそ知りえた周恩来の素顔、真実の記憶、歴史の動乱期をくぐり抜けてきた彼らの魂の記録。

A5判280頁 上製 定価3600円+税
2019年刊 ISBN 978-4-86185-268-8

病院で困らないための日中英対訳
医学実用辞典

**根強い人気を誇る
ロングセラーの最新版**

海外留学・出張時に安心、医療従事者必携！指さし会話集&医学用語辞典。全て日本語(ふりがなつき)・英語・中国語(ピンインつき)対応。

推薦
岡山大学名誉教授、高知女子大学元学長 青山英康医学博士
高知県立大学学長、国際看護師協会元会長 南裕子先生

A5判312頁 並製 定価2500円+税
2014年刊 ISBN 978-4-86185-153-7

日本の「仕事の鬼」と中国の〈酒鬼〉
漢字を介してみる日本と中国の文化

冨田昌宏 編著

鄧小平訪日で通訳を務めたベテラン外交官の新著。ビジネスで、旅行で、宴会で、中国人もあっと言わせる漢字文化の知識を集中講義！
日本図書館協会選定図書

四六判192頁 並製 定価1800円+税
2014年刊 ISBN 978-4-86185-165-0

日中文化DNA解読
心理文化の深層構造の視点から

北京大学 教授 尚会鵬 著
日本女子大学教授 谷中信一 訳

昨今の皮相な日本論、中国論とは一線を画す名著。
中国人と日本人の違いとは何なのか？ 文化の根本から理解する日中の違い。

四六判250頁 並製 定価2600円+税
2016年刊 ISBN 978-4-86185-225-1

日本僑報社好評既刊書籍

ハイブリッドライスの父
袁隆平 画伝

辛業芸 毛昌祥 王精敏 著
段景子 監訳 日中翻訳学院 訳

革新的なイノベーションで世界中に影響を与え、「ハイブリッドライスの父」と呼ばれた、中国稲作研究の第一人者袁隆平の生涯と研究活動を、数多くの写真とともに振り返る。

A5判254頁 並製 定価4800円＋税
2024年刊 ISBN 978-4-86185-347-0

中国政治経済史論 江沢民時代
シリーズ 毛沢東時代、鄧小平時代 好評発売中！

毎日新聞「2022この3冊」選出
（2022年12月10日）

中国語版、英語版に先駆け、日本語版を初刊行！ 胡鞍鋼 著

A5判600頁 上製 定価18000円＋税
2022年刊 ISBN 978-4-86185-303-6

新疆世界文化遺産図鑑 永久保存版

小島康誉、王衛東 編
日中翻訳学院 本田朋子訳

「シルクロード：長安－天山回廊の交易路網」が世界文化遺産に登録された。本書はそれらを迫力あるフルカラー大型写真で収録、あわせて現地専門家が遺跡の概要などを詳細に解説。

変形A4判114頁 並製 定価1800円＋税
2016年刊 ISBN 978-4-86185-209-1

新疆物語
～絵本でめぐるシルクロード～

王麒誠 著
本田朋子（日中翻訳学院）訳

異国情緒あふれるシルクロードの世界。日本ではあまり知られていない新疆の魅力がぎっしり詰まった中国のベストセラーを全ページカラー印刷で初翻訳。

A5判182頁 並製 定価980円＋税
2015年刊 ISBN 978-4-86185-179-7

悠久の都 北京
中国文化の真髄を知る

劉一達 著 李濱声 イラスト
日中翻訳学院 本書翻訳チーム 訳

風情豊かなエッセイとイラストで描かれる北京の人々の暮らしを通して、中国文化や中国人の考えがより深く理解できる。国際社会に関心を持つすべての方におすすめの一冊！

四六判324頁 並製 定価3600円＋税
2022年刊 ISBN 978-4-86185-288-6

中国初の国家公園
三江源国家公園 高原動物植物図鑑

王湘国 呂植 主編
三江源国家公園管理局
山水自然保護センター 編著
日中翻訳学院 本書翻訳チーム 訳

平均標高4500m、黄河・長江・メコン川源流域の三江源国家公園に生きる珍しい動植物をフルカラー写真と解説で紹介！

A5判548頁 並製 定価8800円＋税
2022年刊 ISBN 978-4-86185-274-9

知日家が語る「日本」

胡一平 喩杉 総編集 庫索 編
日中翻訳学院 本書翻訳チーム 訳

日本の魅力を知り、新たな日本を発見！
「知日派」作家ら13人が日本社会の文化、社会、習慣を分析した、驚きと発見に満ちたエッセイ集。

四六判312頁 並製 定価2500円＋税
2022年刊 ISBN 978-4-86185-327-2

日中国交正常化の舞台裏
―友好を紡いだ人々―

喩杉 胡一平 総編集
日中翻訳学院 本書翻訳チーム 訳
出版協力
（公財）笹川平和財団 純角網

中華人民共和国建国から日中国交正常化、そして現代に至るまで、日中間の民間交流を支え続けてきた「草の根外交」を振り返る一冊。

四六判288頁 並製 定価3600円＋税
2023年刊 ISBN 978-4-86185-335-7

好評発売中！華人学術賞受賞作品

- **日本經濟外交轉型研究** —以安倍經濟外交理念與行動爲核心
  第20回華人学術賞受賞　中国外交学院大学国際関係学博士論文　沈丁心著　本体3600円＋税

- **日本語連体修飾節を中国語に訳す為の翻訳パターンの作成**
  第19回華人学術賞受賞　筑波大学博士（言語学）学位論文　谷文詩著　本体4800円＋税

- **「阿Q正伝」の作品研究**
  第18回華人学術賞受賞　山口大学大学院東アジア研究科博士論文　冉秀著　本体6800円＋税

- **現代中国における農民出稼ぎと社会構造変動に関する研究**
  第17回華人学術賞受賞　神戸大学博士学位論文　江秋鳳著　本体6800円＋税

- **中国東南地域の民俗誌的研究**
  第16回華人学術賞受賞　神奈川大学博士学位論文　何彬著　本体9800円＋税

- **中国都市部における中年期男女の夫婦関係に関する質的研究**
  第15回華人学術賞受賞　お茶の水大学大学博士学位論文　于建明著　本体6800円＋税

- **日本における新聞連載 子ども漫画の戦前史**
  第14回華人学術賞受賞　同志社大学博士学位論文　徐園著　本体7000円＋税

- **中国農村における包括的医療保障体系の構築**
  第12回華人学術賞受賞　大阪経済大学博士学位論文　王崢著　本体6800円＋税

- **中国における医療保障制度の改革と再構築**
  第11回華人学術賞受賞　中央大学総合政策学博士学位論文　羅小娟著　本体6800円＋税

- **近代立憲主義の原理から見た現行中国憲法**
  第10回華人学術賞受賞　早稲田大学博士学位論文　晏英著　本体8800円＋税

- **現代中国農村の高齢者と福祉** —山東省日照市の農村調査を中心として
  第9回華人学術賞受賞　神戸大学博士学位論文　劉燦著　本体8800円＋税

- **中国の財政調整制度の新展開** —「調和の取れた社会」に向けて
  第8回華人学術賞受賞　慶應義塾大学博士学位論文　徐一睿著　本体7800円＋税

- **現代中国の人口移動とジェンダー** —農村出稼ぎ女性に関する実証研究
  第7回華人学術賞受賞　城西国際大学博士学位論文　陸小媛著　本体5800円＋税

- **早期毛沢東の教育思想と実践** —その形成過程を中心に
  第6回華人学術賞受賞　お茶の水大学博士学位論文　鄭萍著　本体7800円＋税

- **大川周明と近代中国** —日中関係のあり方をめぐる認識と行動
  第5回華人学術賞受賞　名古屋大学法学博士学位論文　呉懐中著　本体6800円＋税

- **近代の闇を拓いた日中文学** —有島武郎と魯迅を視座として
  第4回華人学術賞受賞　大東文化大学文学博士学位論文　康鴻音著　本体8800円＋税

- **日本流通企業の戦略的革新** —創造的企業進化のメカニズム
  第3回華人学術賞受賞　中央大学総合政策学博士学位論文　陳海権著　本体9500円＋税

- **近代中国における物理学者集団の形成**
  第3回華人学術賞受賞　東京工業大学博士学位論文　清華大学助教授楊艦著　本体4800円＋税

- **日本華僑華人社会の変遷**（第二版）
  第2回華人学術賞受賞　厦門大学博士学位論文　朱慧玲著　本体8800円＋税

- **現代日本語における否定文の研究** —中国語との対照比較を視野に入れて
  第2回華人学術賞受賞　大東文化大学文学博士学位論文　王学群著　本体8000円＋税

- **中国の人口変動** —人口経済学の視点から
  第1回華人学術賞受賞　千葉大学経済学博士学位論文　北京・首都経済貿易大学助教授　李仲生著　本体6800円＋税

博士論文を書籍として日本僑報社より正式に刊行いたします。
ご相談窓口 **info@duan.jp** までメールにてご連絡ください。
その他論文や学術書籍の刊行についてのご相談も受け付けております。

この本のご感想を
お待ちしています!

本書をお買い上げいただき誠にありがとうございます。読書感想フォームより、ご感想・ご意見を編集部にお伝えいただけますと幸いです。

◀◀◀ **http://duan.jp/46.htm**

中国語・日本語出版翻訳のプロ人材を育成

日中翻訳学院

http://fanyi.duan.jp/index.html ▶▶▶

---

*日本僑報*電子週刊　メールマガジン　登録無料

中国関連の最新情報や各種イベント情報などを、毎週水曜日に発信しています。

◀◀◀ **http://duan.jp/m.htm**

日本僑報社e-shop
中国研究書店 DuanBooks
https://duanbooks.myshopify.com/

日本僑報社ホームページ **http://jp.duan.jp**